LA QUESTION

TONKINOISE

AVANT ET APRÈS

LE TRAITÉ AVEC LA CHINE

PAR

J. PÈNE-SIEFERT

> Nous n'allons point, nous rôdons plutôt,
> et tournevirons çà et là. (*Montaigne.*)

PRIX : 2 FRANCS

PARIS

ALPHONSE LEMERRE, ÉDITEUR

27-31, PASSAGE CHOISEUL, 27-31

—

M DCCC LXXXV

LA QUESTION

TONKINOISE

Paris. — Imprimerie Alphonse Lemerre, 25, rue des Grands-Augustins.

LA QUESTION

TONKINOISE

AVANT ET APRÈS

LE TRAITÉ AVEC LA CHINE

PAR

J. PÈNE-SIEFERT

Nous n'allons point, nous rôdons plutôt,
et tournevirons çà et là.   (*Montaigne.*)

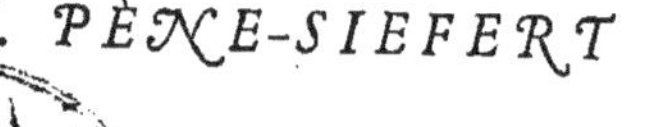

PARIS

ALPHONSE LEMERRE, ÉDITEUR

27-31, PASSAGE CHOISEUL, 27-31

—

M DCCC LXXXV

A MON AMI

P. TRUONG-VINH-KY

TYPE BRILLANT DE LA CLASSE DES LETTRÉS ANNAMITES,
HISTORIEN, PHILOLOGUE, PHILOSOPHE,

*Dont les sympathies dévouées pour la France n'ont jamais fléchi malgré les
offres les plus tentantes du roi Tu-Duc
et l'indifférence de notre administration coloniale à son égard.*

P.-S.

PRÉFACE

L'OPINION publique s'émeut de plus en plus de la direction imprimée à notre politique extérieure et coloniale. Ne jugeant cette politique que d'après les résultats, elle regretterait bientôt, semble-t-il, ces années de recueillement et de reconstitution qui ont suivi nos désastres de 1870 et qui ont coïncidé avec des plus-values considérables dans le rendement des impôts. La politique inaugurée par l'occupation de la Tunisie, beylicat que nous pouvions avoir *gratis* au congrès de Berlin, n'aurait trouvé des sympathies croissantes en France qu'avec des succès croissants. Or, les succès ne s'obtiennent qu'à des conditions de préparation et de conduite des opérations qui semblent inconnues de nos gouvernants ; de là l'inquiétude des contribuables qui payent ces opérations souvent aussi stériles qu'onéreuses, et celle des citoyens dont la vie des enfants est parfois exposée et sacrifiée sans compensation pour la patrie. Cette inquiétude légitime acquiert une telle intensité, à mesure que se prolonge notre situation fausse en Extrême-Orient et à Madagascar, qu'elle domine, chose rare, les préoccupations personnelles des membres du Parlement depuis plusieurs mois.

C'est que la date des élections approche, et que ces élections, à l'insu et contre la volonté des futurs candidats, peuvent s'effectuer sur le terrain de notre politique extérieure et coloniale. Or, plusieurs, et même beaucoup de ces candidats, aujourd'hui mandataires des intérêts nationaux, ne seraient certainement pas réélus à bon droit, car c'est à l'ignorance ou au servilisme des uns, à l'entêtement ou à l'insouciance des autres, qu'est due la phase actuelle de la crise que nous traversons, si l'origine en est surtout imputable à nos deux ministères de la marine et des affaires étrangères.

Comme la responsabilité ministérielle n'est pas encore sanctionnée par des mesures effectives dans notre législation, et que les ministres ne sont guère que les instruments des volontés anonymes du personnel des bureaux de la rue Royale et du quai d'Orsay, le peuple contribuable et soldat, guidé par son instinct, s'en prend à ses mandataires de la compromission des intérêts nationaux au loin ; et c'est justice.

C'est donc aux mandataires de la nation à veiller de plus près à la gestion de ces intérêts, et aux commissions parlementaires spéciales à assumer un rôle presque *directif*, qui réserve surtout au gouvernement le rôle *exécutif* qui lui revient. Sinon, les mandants y aviseront eux-mêmes aux prochaines élections générales.

L'émotion causée à Paris et dans la France entière par la nouvelle de l'évacuation de Langson à la suite de combats meurtriers, l'empressement de la foule à se masser aux abords du Palais-Bourbon le lendemain, le soulagement général qu'a produit la démission de M. Ferry ; la satisfaction avec laquelle on voit se poursuivre les opérations et négociations préliminaires de la paix avec la Chine, en sont autant de symptômes précurseurs très significatifs.

Si cette paix aboutit sans accroc maintenant, elle termine le différend franco-chinois au prix de plusieurs centaines de millions de francs et de milliers de soldats, et le résultat net pour la France consiste dans l'évacuation de Formose et de la côte orientale de Chine par notre flotte, dans l'occupation des provinces extrêmes de Langson et Caobang à l'est du Tonkin par nos troupes de terre.

La bonne volonté de la Chine officielle peut se heurter au refus de Liu-Vinh-Phuoc et de ses bandes d'abandonner Laokay et la zone environnante sur le haut Songkoï. Les réguliers du Quangsi, une fois licenciés par le vice-roi du Quangton, peuvent même aller rejoindre leurs camarades les Pavillons Noirs, en sorte que nous pouvons avoir affaire aux mêmes ennemis qu'avant la paix, sans participation de la Chine aux hostilités.

Quant à la cour de Hué, qui a enrôlé et pris à sa solde les Pavillons jaunes du Tran-Ninh, il est douteux qu'elle ne donne suite aucune à ses préparatifs de résistance ni ne tente une partie suprême lorsque l'appui ostensible et réel de la Chine va lui faire défaut.

Mais en prenant les choses sous leur aspect le plus favorable à cet égard, ce qui n'en reste pas moins entier c'est la question tonkinoise. La paix avec la Chine, la soumission de tous les Pavillons, la résignation de la cour de Hué, sont des objectifs qui ont assurément leur valeur. Toutefois, il est un objectif plus important pour les intérêts français présents et futurs en Indo-Chine : c'est l'évaluation scientifique, industrielle, commerciale, du Tonkin et de la Haute-Cochinchine, par des spécialistes personnellement désintéressés, pour déterminer le régime corrélatif *éventuel* à appliquer à ce pays. Que l'on est insuffisamment renseigné là-dessus, rien ne le prouve comme les opinions contradictoires qui ont cours encore, comme les tâtonnements fortuits qui ont ont marqué jusqu'ici notre politique et nos expéditions.

Ce travail-ci propose, après revue des faits accomplis, d'aborder la question tonkinoise, comme il convient à la France.

LA QUESTION

TONKINOISE

AVANT ET APRÈS

LE TRAITÉ AVEC LA CHINE

I

ETTE question remonte en vérité à l'année 1874, où fut conclu un traité* entre la France et l'Annam à la suite de la brillante campagne Dupuis-Garnier au Tonkin. Laissant de côté l'économie de ce traité, œuvre de réaction et de recul, on

---

* Ce traité annula les résultats de la campagne Dupuis-Garnier dans

n'y relève que ces clauses : le Song-Koï ou fleuve Rouge était ouvert au commerce international, du littoral maritime à la frontière de l'Yunnan ; et le roi de Hué s'engageait à conformer à notre politique ses relations extérieures et à ne recourir qu'à la France pour rétablir au besoin l'ordre matériel dans ses États. Le gouvernement français, de son côté, pour assurer l'exécution de ces clauses, nommait un ministre résident à Hué et plusieurs officiers de marine consuls à Qui-Nonh, à Hanoï, à Haïphong, et il adjoignait à ce personnel des escortes d'infanterie de marine pour en appuyer, *manu militari*, les ordres et revendications.

La subordination des relations extérieures de la cour de Hué à notre politique visait la Chine, suzeraine séculaire de l'Annam, et ne pouvait viser qu'elle, car depuis Gia-Long, au commencement de ce siècle, jusqu'à Tu-Duc, mort naguère, aucun membre de la dynastie des Nguyen n'a voulu entrer en relations suivies, même purement commerciales, avec aucun gouvernement d'Amérique ou d'Europe. Ainsi Gia-Long déclina les offres de l'Angleterre en 1804 et celles de la France en 1818 ; son fils Minh-Mang, celles de la France en 1821 et 1822, et plus tard celles du gouverneur de l'Inde anglaise. Leur successeur Thien-Tri se tint dans la même réserve.

Avec la Chine, au contraire, l'Annam a été presque

---

ses grandes lignes, qu'on sera toujours forcé de reprendre. Sans la malencontreuse arrivée de M. Philastre à Hanoï, peu de temps après la mort de Garnier, la convention Esmez nous les eût maintenus et les renforts pavenus à Haïphong aussitôt après sa signature eussent servi à consolider la conquête. La triste besogne de M. Philastre rappelle celle de ce Godeheu qui, au siècle dernier, biffa au profit des Anglais les résultats obtenus par Dupleix et de Bussy.

toujours en relations, ou forcées ou volontaires. De 257 av. J.-C. jusqu'en 968 de notre ère*, sauf intermittences, les Chinois ont même occupé militairement l'Annam, initié les *Giao-Chi* du Tonkin à l'agriculture chinoise, au confucisme, à l'administration par des lettrés, etc. Quand la dynastie des *Lé* eut repoussé les Chinois au delà des frontières septentrionales, elle n'en continua pas moins à faire donner à ses membres l'investiture royale par l'empereur du Céleste-Empire, d'envoyer à ce dernier des tributs réguliers, symbole d'une vassalité morale plutôt que contribution fiscale. La dynastie actuelle des Nguyen a continué ces traditions.

Ainsi Gia-Long, son fondateur, ne reçut son investiture** qu'en 1804, bien qu'il fût souverain de fait depuis deux ans, et Tu-Duc vit s'apporter à Hué même, en 1847, les insignes royaux par des ambassadeurs chinois qui, auparavant, s'arrêtaient à Hanoï.

Nous ne voulons pas donner plus d'importance qu'il ne faut à ces faits, mais on ne saurait non plus en faire abstraction, à peine de raisonner au hasard.

La situation de l'Annam vis-à-vis de la Chine, en 1874, était donc celle d'un État vassal avec un État suzerain, *façon asiatique*. Tels étaient, au siècle dernier, dans l'Inde les divers nababs qui relevaient du Grand Mogol de Delhi. Si le traité imposé en 1874 au roi Tu-Duc obligeait celui-ci envers nous, il est clair qu'il n'obligeait pas la Chine, laquelle n'avait pas été invitée d'abord à le signer, et qui

---

* V. *L'histoire des relations de la Chine et de l'Annam*, par M. Deveria, et *L'histoire Annamite*, par M. Truong-Vinh-Ky.

** Lors de l'investiture était remis un sceau dont se servait le souverain annamite dans sa correspondance avec l'empereur de Chine. On

plus tard a obstinément refusé à nos divers agents à Pékin
de le ratifier *.

On aurait pu suppléer à cette ratification ou à la reconnaissance des faits accomplis, en tenant la main à la stricte
exécution du traité de la part de Tu-Duc; mais il n'en a
rien été. Aux dates coutumières voulues, tous les trois
ans, le résident Rheinart a laissé s'effectuer sous ses yeux
les préparatifs des tributs destinés à la Chine, et le consul
de Kergaradec a laissé passer par Hanoï les ambassades
porteuses de ces tributs, APRÈS 1874 COMME AVANT.
Nos gouverneurs successifs de Cochinchine ne s'y sont
pas opposés davantage; ils n'y ont vu qu'un acte de courtoisie, qu'une habitude inoffensive.

Ce n'est pas tout. En 1878, un soi-disant descendant de
la famille des Ly — antérieure à la dynastie des Lê —
fomenta contre Tu-Duc une rébellion dans les provinces
tonkinoises de Caobang et de Langson, et Tu-Duc alors,
comme il avait déjà fait en 1866 contre les derniers
rebelles chinois connu sous le nom de *Taï-Ping*, qui
pénétrèrent dans son royaume et le ravagèrent, Tu·Duc
demanda à la Chine des secours contre Li-Yung-Tchoï et
ses bandes, au mépris du texte formel du traité de 1874.
Le même haut personnel de la marine, payé pour l'empêcher, laissa pénétrer au Tonkin les réguliers Chinois
demandés par Tu-Duc, comme il avait laissé partir tributs
et ambassades. Ce sont ces réguliers-là ** précisément qui

en peut voir le dessin dans la brochure de M. Cordier: *Le Conflit entre
la France et la Chine*, 1883.

* Le traité de 1874 ne fut que *communiqué* à la Chine par M. de
Rochechouart, le 25 mai 1875.

** La présence de ces réguliers, commandés par le général Phong-Tinous surprirent à Bac-lé et, naguère, qui ont réoccupé Langson en forçant la brigade de Négrier à la retraite.

Un traité aussi peu exécuté a pu difficilement être invoqué par notre diplomatie au Tsong-Li-Yamen de Pékin*, et vraiment le prince Koung, les ambassadeurs Tseng et Li-Fong-Pao se sont moqués de nos prétentions basées sur ce document, presque à bon droit: il n'y a qu'à lire leurs dépêches dans les *livres jaunes* parus depuis 1874 pour s'en convaincre.

Si les gouverneurs** Duperré et Lafont, si les résidents

Tai, est constatée naïvement par M. Aumoitte dans sa brochure: *De Hanoï à la frontière du Quang-Si*. Chancelier du consulat de Hanoï, il ne se doute guère de la responsabilité qui incombe à son chef hiérarchique, M. Kergaradec, du fait de cette présence déjà en 1879-80.

* Dans une lettre datée de Pékin le 14 mai 1882, M. Bourée fait part à M. de Freycinet d'un entretien qu'il a eu avec ses membres au sujet de l'intervention Rivière au Tonkin.

« Ce qu'on fait à l'heure actuelle, leur dit M. Bourrée, constitue purement et simplement la mise à exécution d'une des clauses du traité de 1874, à laquelle on n'avait pas jusqu'à présent tenu la main. »

— « Et pourquoi ne pas s'en être soucié plus tôt? » lui fut-il répondu

Dans cet entretien, les interlocuteurs de M. Bourée ajoutèrent aussitôt: « Écrivez (à Paris) qu'ayant été avisé de la démonstration militaire qui s'effectue au Tonkin, le Tsong-Li-Yamen est venu vous voir pour vous rappeler que l'Annam est placé sous la suzeraineté de la Chine. Nous demandons que le fait soit ainsi constaté. C'est tout ce que nous désirons. »

Et M. Bourée d'acquiescer à leur désir, sauf à s'étonner assez naïvement de l'importance qu'ils attachaient à une chose en apparence si simple pour lui.

** M. Duperré succéda à l'amiral Dupré à Saïgon de 1875 à 1877. Sa politique fut une duperie sinon une complicité avec la cour de Hué, sous l'inspiration manifeste de M. Philastre. Non seulement ces deux hommes laissèrent marcher les évènements à l'aventure, mais ils demandèrent à l'amiral Montaignac, alors ministre de la marine, la suppression

Philastre et Rheinart, si le consul de Kergaradec n'a-
vaient pas laissé continuer les démonstrations de vassalité
par l'Annam à la Chine, leur cessation était en faveur du
traité; si les Chinois n'étaient pas entrés au Tonkin en
1878 sans protestation ni opposition des fonctionnaires
en question, il n'aurait pas fallu les en expulser naguère;
la tête du commandant Rivière serait sur ses épaules et
nos soldats morts à Bac-Lé et à Lang-Son seraient vivants.

L'incurie de la marine dans l'Annam, voilà la vraie et
première cause du dernier conflit franco-chinois.

Si la marine objecte que la suzeraineté chinoise dans
l'Annam a toujours eu, plus ou moins, un caractère pla-
tonique; que c'était un élément négligeable dans la confection du traité de 1874, on peut lui demander : Pour-

des compagnies de marins servant d'escorte aux consuls au Tonkin, la
liberté des relations diplomatiques extérieures pour la cour de Hué et
la rétrocession à celle-ci des douanes de Quinhon, de Haïphong et de
Hanoï, c'est-à-dire l'annulation par nous-mêmes du traité de 1874.
C'est sous le gouveruement de M. Duperré qu'eut lieu l'envoi de la
première ambassade annamite à Pékin, postérieurement au traité ci-
dessus qui le prohibait. Au lieu d'envoyer une escadre à Hué, l'amiral
présenta cet acte au gouvernement métropolitain comme « sans conséquence. » Cette appréciation est si fausse que toutes nos complications
présentes ne sont que les conséquences de cet acte.

La meilleure preuve en est que M. Lafont, successeur de M. Duperré,
trouva les relations de la France loin d'être cordiales avec le cour de
Hué et qu'il protesta contre toute concession à faire, dans une de ses
premières dépêches. (V. *Livre-Jaune* n° 30.)

Les ministres Decazes et Montaignac donnent raison à l'amiral Lafont
comme à l'amiral Duperré, mais sans prendre aucune décision conforme.
C'est sous le gouvernement de M. Lafont qu'eut lieu la première inva-
sion chinoise du Tonkin par 700 rebelles. La cour de Hué, épouvantée,
nous demanda du secours, d'après la clause du traité de 1874 qui nous
chargeait de la police éventuelle dans les états de Tu-Duc. Que fit

quoi y spécifier alors l'indépendance de l'Annam à l'égard de toute autre nation étrangère que la France? Mais cette indépendance une fois spécifiée, pourquoi ne pas y tenir la main?

Si le personnel de la marine, qui a laissé violer tant de fois le traité de 1874, prétend qu'il n'était pas en force pour en empêcher la violation, on peut lui répondre que menacés par des soldats européens, par des canonnières et des chaloupes, des fonctionnaires asiatiques ne passent pas outre, que l'énergie déployée *au début* de la moindre velléité d'infraction au traité aurait prévenu les violations flagrantes ultérieures. En voici une preuve irrécusable.

Dans une lettre inédite que publiait le journal *la Ligue*, le 2 février dernier, le commandant Rivière disait de

l'amiral Lafont? Il se borna à l'envoi d'une compagnie sur le *Duchaffaut* pour protéger nos seules concessions dans le Delta. Ce que voyant, Tu-Duc s'adressa naturellement à la Chine, et nos agents à Pékin laissèrent faire, comme M. Philastre à Hué. Puis, on s'étonne de ce qui arrive!

Devant notre faiblesse partout, le gouvernement annamite s'enhardit, lors de l'exposition de 1878, jusqu'à nous faire réclamer les trois provinces occidentales de la Basse-Cochinchine par une ambassade spéciale qui vint à Paris!

Dans une lettre de Hanoï, portant la date du 1ᵉʳ mars 1879, M. de Kergaradec avisa bien que le général chinois Phong concentrait son armée, engagée par le vice-roi du Quang-Ton, à Thaï-Nguyen et à Tuyen-Quang, et que cette armée, une fois installée, n'en voudrait plus déloger. Mais son avis passa inaperçu dans les bureaux de la marine qui, à cette date encore, eussent pu obtenir le retrait de ces Chinois par une mise en demeure énergique de nos agents à Pékin et la concentration de notre escadre de Chine à Canton.

Et voilà l'une des multiples négligences de gens irresponsables, nominalement inconnus à Paris et en France, qu'il faut réparer aujourd'hui, sans que personne aux Chambres ou dans la presse exige leur révocation et leur mise en jugement!

Hanoï, le 29 août 1882 : « ..... Avec un peu d'énergie
au lendemain de la prise d'Hanoï, on aurait pu obtenir à
Hué ce qu'on aurait voulu. Le gouverneur, qui ne rece-
vait pas de nouvelles du ministère, qui ne savait pas ce
qu'on y pensait, à préféré une politique d'atermoiements
et de conciliation. Pendant ce temps-là, les Annamites
sont revenus de leur frayeur, ils ont demandé l'appui de
la Chine, qui le leur a presque promis, et ils viennent
de retoquer le gouverneur dans toutes ses demandes. Je
donne, j'en suis sûr, de forts soucis à M. Le Myre de Vilers;
car, ayant appris que des troupes chinoises avaient l'in-
tention de passer le fleuve Rouge, c'est-à-dire de venir
sur la rive que nous occupons, je l'ai prévenu qu'à moins
d'instructions formelles de sa part en sens contraire,
j'empêcherais par la force les Chinois de passer.

« *J'estime que c'est au début même qu'il faut les arrêter.* »

Que si ce personnel ajoute : Le gouvernement métropolitain ne nous aurait pas soutenus à cette date, on
lui répliquera : Votre devoir n'en demeurait pas moins
entier, et l'accomplissement de ce devoir se traduit par
la mort héroïque des Garnier et des Rivière ou par une
vulgaire démission, suivant les tempéraments et la place
du cœur dans les poitrines — jamais par la seule percep-
tion de forts appointements donnant droit à une retraite
très confortable.

II

QUAND le traité Dupré-Philastre de 1874 eut été ratifié par les deux parties, le personnel de résidents et de consuls, nommé et grassement appointé pour en assurer l'exécution, fut le premier à le déclarer inapplicable pour excuser son inaction ou sa passivité, en présence des intrigues de la cour de Hué. La piraterie chinoise sur les côtes, le rapt d'enfants des deux sexes ont certainement pris de l'extension sous notre semblant de protectorat plutôt que nos croiseurs ne les ont restreints. Au lieu de pendre à bord les pirates pris, ainsi qu'ont fait les Anglais en maints parages, nos officiers de marine les livraient religieusement, d'ordinaire, aux autorités annamites, lesquelles, contre finance, s'empressaient de les rendre à leur trafic, en sorte que c'était toujours à recommencer.

Ces officiers ont toujours ignoré, semble-t-il, que les jonques des pirates chinois allant et venant dans les arroyos, les canaux et les fleuves du Tonkin étaient régulièrement inscrites; que les propriétaires en payaient aux mandarins d'un ressort donné une taxe mensuelle pour être tolérées dans une zone donnée; que ces jonques servaient spécialement au transport subreptice en Chine, par le Thaibinh et diverses embouchures du Song-Koï, au-dessous du Hondué, des rapines des mandarins : d'où une baisse progressive dans le rendement des douanes au port de Haï-Phong, que nos agents attribuaient à de mauvaises récoltes imaginaires dans leurs rapports naïfs et myopes !

Si cette piraterie côtière était à notre déshonneur comme nation civilisée, la piraterie intérieure, qui s'est développée et fortifiée en amont de Hanoï, à l'ombre de notre drapeau pour ainsi dire, est une véritable honte pour les officiers-consuls établis à terre. « Pavillons noirs, jaunes, quinticolores » ont pu non seulement empêcher la navigation sur le haut Song-Koï, détruisant ainsi le principal objet du traité de 1874, mais même s'organiser et venir menacer les concessions françaises du delta. Ces pirates de l'intérieur ont servi d'avant-garde aux réguliers chinois, débouchés en 1878 par le Quang-Si, et de milice à la cour de Hué jusqu'à présent. La solde des uns et des autres est fournie par le trésor royal des Nguyen.

Tant que ce trésor ne sera pas vérifié et astreint à une comptabilité régulière, puis affecté à des œuvres d'utilité publique et à des contributions de dépenses connues, complémentaires des nôtres déjà si lourdes, *on peut être sûr qu'il sera employé contre nous*. Aussi impolitique il serait de s'en emparer brutalement, comme les Anglais ont fait dans l'Inde, à l'égard de celui de plusieurs nababs, aussi étrange est-il qu'à défaut des fonctionnaires de luxe que nous entretenons en haute Cochinchine, nos commissions parlementaires ne s'inquiètent pas du montant de ce trésor, pour qu'on y puise enfin, au lieu de saigner toujours les contribuables français.

Que ce trésor atteignait un chiffre respectable de millions en barres ou lingots*, on peut l'inférer de ce fait

* Aux incrédules qui assimileraient ce trésor à celni qu'on laissa chercher naguère dans les caveaux de Saint-Denis, nous demanderons simplement: Qui donc paye, et avec quoi, les réguliers chinois et les Pavillons-noirs depuis des années au Tonkin? Les fusils et munitions des uns et des autres sont-ils jetés gratis par quelque Krupp céleste? Et les vivres, dans des régions qu'on nous représente comme dépeuplées et en friche, depuis les déprédations chinoises précisément, s'y renouvellent-ils et y affluent-ils sans cause aussi?

Ce n'est pas la Chine, en tous cas, qui a fait ces frais pour un vassal, elle qui a dû, pour faire face à ses propres dépenses dans sa lutte contre nous, recourir à l'emprunt sans y réussir beaucoup à Hongkong et Changhaï.

Nous risquons fort, malheureusement, de constater encore sous peu l'existence et l'emploi des fonds de ce trésor. Le *National* apprenait naguère d'un correspondant que le prince annamite Hoang-Ké-Viem, l'un des chefs les plus influents du parti anti-français à Hué et l'allié le plus dévoué de Luh-Vinh-Phuoc, général des Pavillons-noirs, a fait pratiquer une route longeant les montagnes de l'ouest, établissant une communication entre l'Annam central et la partie supérieure du Fleuve-Rouge, et destinée à livrer passage aux Chinois du Yunnan; que des débris de bandes rebelles chinoises, analogues aux Taipings et aux Musulmans de l'Yunnan, ont fait leur voie depuis 1856 dans la principauté de Tran-Ninh et y ont supplanté la population indigène sous le nom de Hos; qu'après avoir été traités en ennemis par le gouvernement annamite, en 1882 et 1883, ces Hos sont devenus ses alliés au même titre que les Pavillons-noirs de Luh-Vinh-Phuoc.

Le même correspondant ajoute que les Hos sont bien armés et abondamment pourvus d'approvisionnements de toutes sortes.

J'avais signalé moi-même en décembre dernier (et j'y étais revenu les premiers jours de janvier dans la *Ligue*) les agissements du prince

que les Nguyen sont une vieille dynastie en haute
Cochinchine, qu'ils s'emparèrent du trésor des Tay-
Son et des Lé du Tonkin à la fin du siècle dernier,
et que depuis ils ont mis de côté des réserves annuelles
assez rondes*, si l'on tient compte du chiffre de la population et de la fertilité de la basse Cochinchine et du
Tonkin. Qui ne sait, d'ailleurs, que les familles souve-

Hong-Ké-Viem dans le Tran-Ninh et les provinces du Tonkin méridi-
onal ; et j'insistais pour une étroite surveillance du régent Nguyen-
Van-Tuong, chef des lettrés hostiles à la domination étrangère par
patriotisme comme les mandarins le sont par intérêt. Tout dernièrement
ledit Régent nous a laissé enclouer les canons annamites de la citadelle
de Hué pour endormir davantage la confiance de notre résident et
masquer les préparatifs du parti de la guerre à outrance, non loin de Hué.

Il est fort à craindre que nous ne recevions au premier jour la nouvelle d'un désastre encore concernant la garnison française qui occupe
les forts de Thuan-An, de quelque massacre comme celui que les.
Anglais essuyèrent à Caboul -en 1841. Mes renseignements particuliers
et toutes sortes de symptômes me le font appréhender pour une date
prochaine. A force de disséminer nos troupes et d'entreprendre des.
besognes qui s'excluent simultanément, nous ne réussissons nulle part.
C'est à Hué, sur Hué, que notre action aurait dû se déployer à son
maximum d'effet, et qu'elle doit encore aujourd'hui être concentrée, si
nous voulons conserver l'Annam avec un minimum de monde et de
frais. Plusieurs hommes politiques en ont eu la nette intuition, notamment MM. Andrieux, Paul Bert, Ténot ; mais la réalisation de cette vue
juste n'a pas encore été commencée par nos divers résidents.

* M. Lemyre de Vilers n'évalue pas à moins de 100 millions par an
le montant des charges fiscales que supporte la population de la Haute-
Cochinchine et du Tonkin, outre les dépenses des villages et du culte
qui sont très considérables. Il est vrai qu'il en reste les trois quarts aux
mains des fermiers chinois qui en font le recouvrement et des mandarins qui reçoivent, en nature ou en argent, le résidu de l'impôt ; mais
les magasins royaux, suivant la même autorité, contiennent toujours
une immense réserve en produits de toute nature, par exemple : 2 millions en or, 11 millions en argent, 4 millions en cuivre, 2 millions.

raines asiatiques excellent à drainer les métaux précieux chez leurs sujets ?

Quoi qu'il en soit, ou plutôt qu'on veuille croire, de ce trésor, la capture, suivie de la décapitation, du prétendant Li-Young-Tchaï en 1879-80, servit de prétexte au gouvernement chinois pour la publication de documents officiels destinés à rappeler la suzeraineté qu'il revendiquait sur le Tonkin.

Le laisser passer, la même année, d'une seconde ambassade de Tu Duc à Pékin, sous le gouvernement de M. Le Myre de Vilers à Saïgon, fut un précédent de plus contre nous. Le comique de la chose, c'est que l'amiral Cloué, alors ministre de la marine, voulut s'y opposer, mais ladite ambassade avait déjà franchi la frontière chinoise !

Le mémoire présenté en décembre 1880 par les envoyés du roi Tu-Duc fit ressortir, avec plus de force et d'insistance que jamais, la volonté bien arrêtée de resserrer les liens unissant l'Annam à la Chine et il n'était pas une ligne de ce document qui n'eût été rédigée dans une pensée de protestation contre notre établissement en Basse-Cochinchine et contre les traités subséquents. (*Lettre de M. Bourée*).

Enfin, l'ambassadeur Tseng jette le masque à son tour·

---

d'hectolitres de riz, etc., etc. (V. la *Nouvelle Revue* du 15 décembre 1884. — *L'Expédition du Tonkin.*)

Les compagnons et lieutenants de Garnier et de Rivière ont trouvé dans les villes du Delta qu'ils ont occupées les réserves que spécifie M. Lemyre de Vilers. Comme les successeurs de Gialong ont très peu consacré de fonds, non seulement à de nouveaux travaux d'utilité publique mais au simple entretien des routes, canaux, etc. de leur aïeul, il s'ensuit que le trésor royal était replet d'autant à Hué.

et le 24 septembre 1881 informe pour la première fois notre ministre des affaires étrangères, M. Barthélemy-Saint-Hilaire, que le gouvernement Chinois ne peut pas reconnaître le traité de 1874.

M. Gambetta répondit très énergiquement à la communication précédente et se proposait d'agir à l'avenant au Tonkin, lorsqu'il fut renversé du pouvoir.

Sur ces entrefaites, deux voyageurs français, MM. Courtin et Villeroi, furent insultés au sortir de Bao-Hâ sur le Fleuve Rouge, attaqués près du petit fort Lu à 40 milles de Laokay et obligés de rétrograder jusqu'à l'embouchure de la Rivière-Noire. M. Le Myre de Vilers, donnant une importance capitale à cet incident, télégraphia à M. Rouvier le départ du *Drac* pour doubler la garnison de Hanoï à ce propos — ce qui eût mis le feu aux poudres imprudemment. Le ministre Gougeard ayant répondu de différer toute mesure militaire jusqu'à l'arrivée de l'amiral Pierre au Tonkin, M. Le Myre de Vilers donna sa démission, qu'il se hâta de retirer à l'avènement du cabinet Freycinet, lequel accepta l'idée du renforcement de la garnison de Hanoï et l'envoi de troupes sur le Songkoï en mars 1882.

A la faveur de l'incident Courtin-Villeroi, M. Le Myre de Vilers voulut occuper le Tonkin *politiquement, pacifiquement, administrativement*, avec deux compagnies de renfort pour suffire à tout, jugeant sans doute que les expéditions Garnier se répètent à volonté, même sans avoir les atouts pareils en main. Le projet était très beau, mais la méconnaissance des facteurs contraires et des conditions de succès le fit échouer, et son commencement d'application n'a fait qu'ouvrir la dernière série de nos déceptions et de nos embarras au Tonkin.

En dehors de l'incident ci-dessus, l'audace croissante des Pavillons noirs déjà meurtriers de Fr. Garnier, l'affluence de réguliers chinois dans les provinces Nord-Est du Tonkin, l'arrêt des transactions commerciales par la voie du fleuve Rouge, les prétentions du gouvernement de Pékin à la suzeraineté de l'Annam, telles furent les causes déterminantes de l'envoi au capitaine de vaisseau Rivière de quelques troupes à Hanoï, le 26 mars 1882. Suivant en cela les traditions de ses prédécesseurs, l'amiral Jauréguiberry * ne demanda aux Chambres qu'un

* L'amiral Jaurigueberry avait déjà, dans une lettre à M. Waddington en date du 1er octobre 1879, proposé une expédition au Tonkin avec 3.000 hommes d'infanterie de marine et d'artillerie, 3.000 Annamites et 12 canonnières — ce qui était alors raisonnable comme moyens d'action. Seulement, ce ministre se déclarait pour le replacement du Tonkin sous la suzeraineté de Hué, *contre laquelle il n'a cessé de protester, comme devant créer moins de complications que la restitution de son autonomie,* sous la direction d'un représentant plus ou moins sérieux de l'ancienne dynastie des Lê. Cela seul viciait l'effet des moyens d'action ci-dessus *en nous aliénant forcément les sympathies tonkinoises.* La question des Lê en ceci est fort accessoire puisqu'il n'en existe plus de descendant authentique. Si les Tonkinois ont gardé un bon souvenir de cette dynastie, c'est qu'elle libéra leur pays de la domination chinoise et contribua ensuite à sa prospérité, et que ce nom des Lê est un signe de ralliement contre la domination plus récente des Nguyen de Hué, anciens vassaux du Tonkin. Autrement, le sentiment dynastique, chez les Annamites comme chez les Chinois, qu'on représente aussi attachés à la dynastie nationale des Ming contre celle des Tsin, est à peu près nul. Leur organisation en communautés de village et la tournure de leur esprit y sont également peu favorables.

Ce que les Tonkinois désirent avec ardeur, c'est de ne pas plus dépendre de la Haute Cochinchine que de la Chine, parce qu'ils en ont eu à souffrir autant. La nation qui les eût soustraits avec intelligence et générosité à cette dépendance eût été la bienvenue parmi eux. C'est parce qu'en 1873-74 ils nous crurent cette nation que l'expédition

crédit de quelques centaines de mille francs pour cette
besogne, au lieu des millions nécessaires, et le brave Rivière paya de sa vie l'imprévoyance ministérielle, car un
sort analogue à celui de Garnier lui échut pour des raisons analogues. Lui aussi dut s'emparer de Nam-Dinh pour
assurer ses communications et son ravitaillement, et,
pendant son absence, les mêmes Pavillons noirs de 1873
circonvinrent et attaquèrent Hanoï. Dans une sortie dé-
cidée pour les refouler, il tomba frappé d'une balle au
même endroit que son illustre prédécesseur. La mort de
Rivière émut vivement l'opinion en France ; les Chambres
voulurent aussitôt le venger, mais en laissant la direction
à la marine, qui fit choix, pour commander les troupes
disponibles à Saïgon, du général Bouët, et qui confia le
commandement de la flotte au contre-amiral Courbet.

Garnier réussit au-delà de toute prévision. Et ils sont aujourd'hui
indifférents ou hostiles envers la France parce que nous les abandon-
nâmes aux représailles de la Cour de Hué, qui en massacra des milliers,
et que depuis dix ans nous avons pris parti contre eux pour cette Cour.
Leur concours sympathique ne nous reviendrait qu'en favorisant la
constitution d'un gouvernement où les lettrés et les notables du pays
eussent une part naturelle — que nous gardions ou non les Nguyen,
à titre transitoire, après consultation de nos intérêts.

III

L'EXAMEN de la campagne* Bouët-Courbet au Tonkin a été fait l'hiver dernier dans une brochure intitulée : *les Affaires de l'Indo-Chine*, que beaucoup de personnes attribuent au docteur Harmand ou à l'un de ses amis intimes. Suivant l'auteur quelconque de cette brochure, témoin oculaire assez compétent en tous cas, ce général

---

* On trouve là-dessus des remarques et données intéressantes dans *le Tonkin* ou *la France dans l'Extrême-Orient*, du capitaine anglais C.-B. Norman, que la librairie Hinrischen a fait paraître l'hiver dernier.

Quant à la campagne de 1884, elle a été assez bien narrée jusqu'à l'incident de Bac-Lé par un autre anglais, M. I.-G. Scott dans son livre qui vient de paraître sous le titre de *France and Tongking*, in-8°, London.

On y trouve notamment le récit de la prise de Sontay par l'amiral Courbet, de Bac-Ninh par le général de Négrier, de Yengté par le commandant Berger, et un chapitre très curieux sur les tirailleurs annamites.

n'osait pas s'éloigner de quelques kilomètres de la citadelle de Hanoï avec 2,500 hommes; il se laissait insulter par les Pavillons noirs, malgré une flottille nombreuse de canonnières, de chaloupes et de jonques sous la main pour appuyer sa marche. Il fallut qu'un heureux hasard fît déborder la colonne de droite sur les bandes chino-annamites, avec cet appui, pour faire retirer ces bandes à Sontay — retraite que le général Bouët mit sur le compte d'une gigantesque et subite inondation !

La prise de Sontay par l'amiral Courbet, qui requit trois journées de lutte meurtrière et nous mit 320 hommes hors de combat, donna lieu aux mêmes appréhensions par le fait d'une attaque de front. C'est un mouvement tournant effectué, le 16 décembre, au matin, après la prise du fort de Phuxa et l'assaut de la grande pagode, sise à l'ouest, qui décida les Chinois à l'évacuation de la citadelle, la nuit suivante. L'ineffable général Bouët n'attendait cette évacuation que d'une démoralisation lente, au moyen d'obus bien pointés, lancés seulement d'heure en heure ! Autant dire qu'on croit aux trompettes de Jéricho.

Sur ces entrefaites, on avait nommé commissaire civil du Tonkin le docteur Harmand, compagnon de Garnier et postérieurement explorateur de quelques régions de l'Annam et du Laos et enfin consul à Bangkok. Cette nomination témoignait du désir du gouvernement de la République d'arracher le Tonkin aux serres de la marine, laquelle y avait jeté son dévolu pour l'écoulement de sa clientèle, ou véreuse ou avariée, sauf de rares exceptions.

Le docteur Harmand pouvait, certes, accomplir cette tâche grâce à ses antécédents, à sa connaissance relative des mœurs et des besoins des habitants; mais il eut le triple tort probable, 1º d'accepter son poste avant l'issue des opérations militaires; 2º de ne pas prévoir les agissements de la marine contre sa mission civile ; 3º de s'entourer, disait le *Matin* naguère, d'une escouade de petits bacheliers très dociles sans doute, mais dont les visées naïves ou les prétentions excessives firent se gausser les mandarins de Hué. Aussi se heurta-t-il d'abord au général Bouët, qui traita vite de son haut un médecin de 2º classe de la flotte; puis à l'amiral Courbet, qui acheva de l'effacer non moins vite.

Tout ce qui reste de son éphémère commissariat, c'est le traité préliminaire de Hué.

On conçoit qu'après ces hauts faits, M. Harmand ait hésité longtemps à se charger de nos médiocres affaires, même en Bolivie, à défaut de Siam, où l'érection d'un consulat général pouvait le faire replacer, si son émule à maints égards au Tonkin, M. de Kergaradec, ne tenait à y rester.

M. Harmand, assure-t-on, allègue, pour excuser sa déconfiture, qu'il ignorait la teneur des instructions ministérielles lorsqu'il accepta du gouvernement le poste de commissaire civil; que ces instructions, émanant de deux ministères différents, rarement d'accord, se contredisaient le plus souvent, et, partant, qu'il ne savait auquel entendre. Nous le croyons sans peine.

Mais une erreur fondamentale du docteur Harmand — que M. Dupuis a mise en pleine lumière l'an dernier dans plusieurs numéros de la *Revue de Géographie* — c'est, après l'imposition de son traité, de s'être appuyé sur le mandarinat de Hué, au Tonkin, à la fois contre les négociants chinois de Hanoï qui auraient pu le renseigner sur les mouvements des *Pavillons noirs*, et contre la paisible et sympathique population indigène qu'il traitait, paraît-il, moins en protecteur bienveillant qu'en proconsul. Or, le mandarinat de Hué, étant de connivence avec les réguliers et les pirates chinois, M. Harmand fut dupé par lui*, comme le sera quiconque s'y fiera; et les Tonkinois, le voyant se ranger du côté de leurs oppresseurs comme un vulgaire Philastre, n'eurent aucun motif pour se rallier à lui, contrairement à ce qu'ils avaient fait avec F. Garnier, qui, sur les suggestions intelligentes de M. Dupuis, épousa leurs griefs et leurs intérêts.

Quoi qu'il en soit, M. Harmand est un assez bon explorateur comme M. de Kergaradec; il a rendu quelques services comme auxiliaire d'un chef habile; il sait collectionner des panoplies et est un fin connaisseur des statues et statuettes des pagodes annamites; mais il est certain qu'il n'y a pas en lui l'étoffe d'un organisateur tel que lord Dalhousie au Punjab, d'un administrateur tel que Van den Bosch à Java, c'est-à-dire juste ce qu'il faut à la France dans l'Annam. Un vers de Voltaire semble le concerner :

Tel brille au second rang qui s'éclipse au premier.

Le général Millot, divisionnaire de l'armée de terre,

---

* Dans la *Revue scientifique* du 28 février dernier, M. Gervais raconte que « M. Harmand, dans une tournée faite au Tonkin, après l'imposition de son traité à Hué, pour la reconnaissance du nouvel état de choses, s'aperçut qu'en plusieurs localités — notamment à Ninhbinh et à Hongyen — les mandarins avaient créé à quelques kilomètres de l'intérieur des terres d'autres centres administratifs au profit desquels ils avaient vidé les véritables centres, ceux que nous tenions et que nous considérions comme seuls ayant quelque valeur. » Ce fait caractéristique montre combien peu le commissaire Harmand connaissait le mandarinat de Hué.

succéda à MM. Bouët et Courbet. Lui aussi eut affaire au mauvais vouloir des officiers de la marine, et, peu au courant de la tactique à suivre contre les Asiatiques, il aborda Bac-Ninh de front après une longue et pénible marche, tandis que la petite colonne de Négrier, grâce à un mouvement de flanc rapide et presque inopiné, entrait dans la place douze heures avant le commandant en chef. Il est probable qu'avec un effectif de 15,000 hommes, le général Millot, une fois familiarisé avec les conditions de la guerre au Tonkin, nous eût conduits jusqu'aux frontières historiques et topographiques de l'Annam.

Ce qui le fait supposer, c'est la rapidité avec laquelle il prit la forteresse de Hong-Hoa, la citadelle de Tuyen-Quan, les postes de Tay-Nguyen et de Phu-Lang-Thuong. Mais, la marine, effrayée de cette perspective, poussa son commandant Fournier à faire de la diplomatie en chambre avec Li-Hung-Tchang, vice-roi du Petchili, et les négociations intempestives de Tientsin paralysèrent les mouvements et dispositions du général Millot.

L'incident de Bac-Lé, occasionné à la fois par la légèreté qui présida à la fixation des dates d'évacuation des garnisons chinoises, et par l'entêtement du colonel Dugenne, un autre homme de la marine, à ne vouloir pas informer le général en chef de ce qui survenait avant d'engager le combat, fut l'inepte prétexte dont le ministère argua pour faire remplacer l'honorable général Millot par M. Brière de l'Isle, sorte de soldat fanfaron à la Changarnier, envoyant à propos d'insignifiantes rencontres des dépêches mirifiques plus ampoulées les unes que les autres — qui a mis huit mois pour franchir la centaine de kilomètres séparant Bac-Lé de Lang-Son.

Il est fort problématique que les maigres résultats obtenus dans la vallée du Lochnan et dans la région montagneuse de Doaquan, à l'est de la route mandarine, justifient la nomination de M. Brière de l'Isle au commandement en chef, et presque tout le monde est d'avis que le général de Négrier aurait dû passer divisionnaire avant lui. Quant aux titres antérieurs de M. Brière de l'Isle, abstraction faite de son bonapartisme, ils sont en tout cas médiocrement flatteurs, s'il faut en croire le journal *la Nation*, dans son numéro du 4 septembre dernier :

On le trouve en Cochinchine peu de temps après la conquête, et à l'époque où le commerce des bois était l'occupation favorite de plusieurs officiers de marine pour arrondir leur solde de campagne. De ce chef, le lieutenant de sa compagnie, Gourré, fut même condamné à cinq ans de prison.

Après la Cochinchine, Brière de l'Isle fut chef de bureau à la marine, et là il se fit noter par sa haine et son dédain du pékin. Il ne parlait de rien moins que de faire fusiller cette engeance et, lorsqu'un pauvre diable s'aventurait dans son bureau en quête d'information, il lui demandait avec fureur : « Que venez-vous faire ici ? » Que si ce quelqu'un ne se confondait pas en excuses, Brière de l'Isle s'élançait pour le bousculer. C'est que ces visites troublaient la rumination des projets du bachi-bouzouk pour l'avenir. Ces projets concernaient le Sénégal, qu'il couvait de ses désirs.

Gouverneur du Sénégal un beau jour, Brière de l'Isle se mit en tête d'amener de l'eau potable à Saint-Louis par un aqueduc partant de Lampsar. Il fit faire pour onze cent mille francs de travaux, et ces travaux finis, le conseil d'hygiène trouva que l'eau de Lampsar était malsaine.

Maintenant, il faut indemniser la Compagnie des Batignolles, qui avait entrepris l'aqueduc en question..

Loin de le décourager, ce fiasco le mit en veine de travaux plus considérables. De la construction d'un aqueduc il passe à celle du chemin de fer qui devait relier le Sénégal au Niger.

Pour terminus de la ligne, Brière de l'Isle fit choix de Kayes, lieu plus malsain que les eaux de Lampsar. Là ont été enfouis TRENTE MILLIONS DE FRANCS*; les rails étaient enlevés à mesure de la pose par les indigènes, et dernièrement le feu a été mis aux chantiers comme pour faire disparaître les éléments de la comptabilité, car aujourd'hui il faut les chercher dans le sable.*

Plus tard, la fièvre jaune sévit à Dakkar, et Brière de l'Isle ne prit aucune mesure d'assainissement à Saint-Louis, où elle se propagea et enleva de nombreux soldats de la garnison.

On sait aussi comment il traita l'explorateur Soleillet lors de son passage dans cette dernière ville. Mais le meilleur indice de son vrai tempérament nous est fourni par l'embrigadement qu'il fit de 9,000 paysans tonkinois, pour en faire des coulis *malgré eux*. Sans doute, il fallait des porteurs de bagages, de vivres, de munitions, puisqu'en dix ans d'occupation virtuelle la marine n'a su rien prévoir ni préparer. Mais les obtenir par réquisition, comme des bœufs et des mulets, sous peine d'amende pour les villages, et agrémenter de coups de matraque et de plat de sabre les réquisitionnés lents et récalcitrants à la marche, ç'a dû faire regretter l'administration des mandarins de Hué eux-mêmes et nous aliéner une population qui, en 1873, prit parti pour nous, au point que les compagnons de Garnier n'eurent qu'à se présenter devant Nam-dinh, Ninbinh, Haïdzuong, etc., pour y entrer sans résistance.

M. Brière de l'Isle a procédé au Tonkin à la façon de ces généraux qui, sous la monarchie de Juillet, éloignèrent autant de nous les Kabyles que les Arabes. La presse officieuse admira ce système coercitif : eh bien ! ce système est inintelligent, brutal, bête, *appliqué aux paysans tonki-*

nois. Il n'eût été rationnel et justifiable, à certains égards, qu'appliqué aux mandarins de Hué, nos ennemis irréconciliables et les oppresseurs de ces paysans. Et maintenant et favorisant les premiers, comme en aggravant la situation des seconds, nous transformons en conquête violente et onéreuse une œuvre qui, par des moyens pacifiques, eût pu tourner tout entière au profit de la France et à l'avantage des Annamites. — Décidément, il ne nous sert de rien d'avoir eu un Dupleix.

Si nos renseignements sont exacts, la vraie cause du rappel du général Millot, c'est qu'il contraignit à la discipline les officiers de marine, qui en prenaient vraiment trop à leur aise. Certain capitaine d'infanterie de marine, par exemple, réquisitionna sans ordre des bateaux marchands pour le transport de 80 hommes, et le général Millot lui infligea un mois de prison et une retenue de solde. — *Inde iræ;* mais, sans des punitions pareilles et sans la récente subordination de la marine au ministère de la guerre, on eût assisté à des conflits analogues à celui qui éclata en Cochinchine lors de la prise de Vinh-Long en 1861, où le capitaine de frégate Lavaissière prétendait commander au colonel Piétri.

Les faits et gestes de M. Brière de Lisle, général en chef, ont été la confirmation de ses antécédents. Il s'est butté à l'accès de Langson par la route mandarine de Bac-Ninh et la vallée de Bac-Lé, au lieu d'aborder par la route de Tien-Yen et la vallée de Tam; et il a laissé s'aventurer la brigade de Négrier vers Thatké sans prévoir le retour offensif des Chinois, dont l'invariable tactique est d'aller se refaire à quelques kilomètres en arrière de positions qu'ils ne jugent plus tenables. Il a perdu la tête à la nouvelle du recul du colonel Herbinger comme il a laissé sans secours le commandant Dominé et la brave garnison de Tuyen-Quan, et sans postes de sûreté le long de la Rivière-Claire, en sorte que les communications avec Sontay ont été à la merci des Pavillons noirs. Dans sa direction des opérations, on note une insuffisance de moyens, une absence de vues convergentes, un manque de tempérament, qui ont forcé à le faire remplacer par un nouveau général en chef, M. de Courcy. Le simple observateur pourrait s'étonner que le général Campenon reprenant le portefeuille de la guerre n'ait pas renvoyé le général Millot au Tonkin, pour éviter d'autres tâtonnements; mais sans doute que M. de Courcy possède des talents particuliers en tactique asiatique, en diplomatie orientale, puisque, en plus de la tenue en respect des Chinois réguliers et irréguliers dans les bassins du Songkoï et du Thaïbinh, on lui a confié l'exécution du traité de Hué. Il est à craindre, pourtant, que ce ne soit là une besogne bien compliquée pour un homme d'épée, car avec les Extrêmes-Orientaux il faut plutôt *dénouer* que *trancher* des nœuds gordiens. Alexandre ne s'en aperçut que trop après avoir franchi l'Indus.

Quoi qu'il en soit, un fait se dégage déjà du passé pour l'opinion publique: c'est que les gens de la marine, *sur le plancher des vaches*, sont aussi piètres généraux pour la guerre que mandarins médiocres pour la colonisation.

Qu'ils restent donc à bord de leurs navires et nous les applaudirons comme marins.

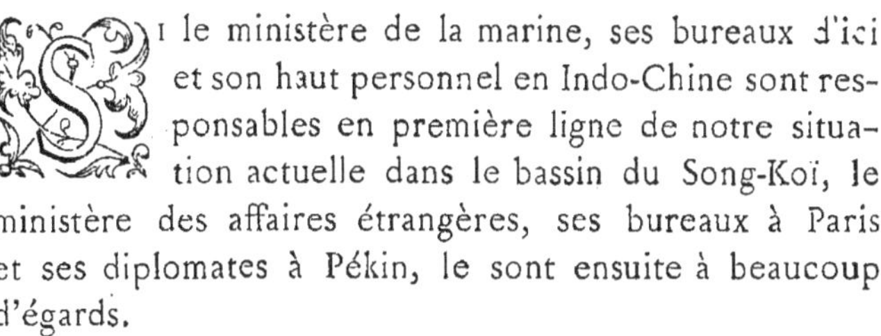

IV

I le ministère de la marine, ses bureaux d'ici et son haut personnel en Indo-Chine sont responsables en première ligne de notre situation actuelle dans le bassin du Song-Koï, le ministère des affaires étrangères, ses bureaux à Paris et ses diplomates à Pékin, le sont ensuite à beaucoup d'égards.

Dès l'instant que nous prîmes possession de la basse Cochinchine, il allait de soi que nous serions amenés, plus tôt ou plus tard, à nous étendre dans le reste de l'Annam. C'est une loi historique que du contact de deux races diverses résulte moins souvent l'amalgame que l'assujettissement de l'inférieure à la supérieure. Pour les nations, comme pour les individus, le droit à l'existence dans telles conditions est en fait presque toujours déterminé ou limité par la force au service des appétits des voisins. Ce n'est pas une justice absolue et idéale, hélas ! qui préside à leurs rapports nulle part.

Si la Chine, en 1862, toute préoccupée d’éteindre les traces de la formidable insurrection des Taïping et encore sous le coup de la campagne anglo-française sur son territoire, resta muette sur notre établissement à Saïgon, il n’aurait dû nullement s’en suivre pour notre diplomatie que nous pourrions compter sur son silence indéfiniment en nous rapprochant de ses frontières méridionales. Une diplomatie avisée eût, au contraire, préparé de longue main ce rapprochement inévitable, l’Annam n’eût-il toujours été que voisin de la Chine — à plus forte raison ces deux pays ayant été dans des rapports de vassal à suzerain et *vice versâ* pendant des siècles.

Évidemment la suzeraineté de la Chine au Tonkin n’a été que le prétexte d’intervention du gouvernement de Pékin dans les États des Nguyen de Hué. Son vrai but est d’empêcher que nous n’entamions la frontière chinoise elle-même au sud-ouest, que nous ne prenions quelques pétales à la *Fleur du Milieu*. Si ce gouvernement avait cru prudent, jadis, de mettre entre la Chine et les États vassaux ou limitrophes des marches boisées de plusieurs kilomètres carrés de superficie, ce sont de vastes zones neutres qu’il désirerait aujourd’hui, à défaut d’un bras de mer, entre ses frontières et des possessions d’une nation européenne : de là son acquiescement au traité Bourée, qui lui faisait la part si belle. Les Français qui désireraient la neutralisation de l’Alsace-Lorraine sont dans un état d’esprit fort analogue à celui des Chinois envers nous au Tonkin. Le Tsong-li-Yamen a peur de notre contact immédiat, de nos convoitises possibles, et en tout cas de l’influence que nous exercerons sur les enfants de Han au détriment du mandarinat.

Mais, de même que les gouverneurs de Saïgon, nos

agents diplomatiques en Chine s'étaient fort peu enquis
du Tonkin *. Ils avaient la vague notion que la cour de Hué
possédait quelques territoires au nord de la haute Cochinchine. Pour éveiller leur curiosité là-dessus, il fallut
que le hasard fît descendre et remonter le fleuve Rouge
par le négociant français Dupuis, et que ses allées et ve-
nues de Hanoï à Manghao aient porté assez d'ombrage
aux mandarins annamites pour faire réclamer son expul-
sion. L'amiral Dupré, croyant à quelque bonne fortune
inespérée pour la marine, envoya Fr. Garnier sous prétexte d'éconduire M. Dupuis du Tonkin; mais trouvant
celui-ci en règle et, de plus, bon patriote, Garnier l'ap-
puya de toutes ses forces — ce qui exaspéra les mandarins de Hanoï et suscita la brillante et rapide campagne de
1873. La mort de Garnier dans une embuscade donna un
reflet tragique, que la mort analogue plus récente de Rivière est venue raviver, à l'intérêt qu'excita d'abord le
Tonkin en France. Malgré l'annulation stupide, par M.
Philastre, de notre première action au Tonkin, notre diplomatie n'aurait pas moins dû, sans être très perspicace,
suivre attentivement les affaires ultérieures de ce pays
dans leurs rapports avec les affaires de Chine, car toutes
les probabilités étaient pour la reprise de cette action
à un moment favorable donné. Or, rien n'indique qu'elle
ait eu ce patriotique souci, cette prévoyance vulgaire.

* Leurs préoccupations lors de la confection des traités, leur besogne
en temps ordinaire, ont concerné surtout les missionnaires catholiques,
leurs réclamations contre les mandarins et parfois même leur propagande
religieuse. On aurait pu croire qu'ils étaient des légats du pape plutôt
que des représentants intelligents d'une nation de producteurs et de commerçants qui a intérêt à multiplier ses échanges avec la Chine.

C'est le duc Decazes* qui à vrai dire inaugura en 1875, l'intervention de son département dans les affaires tonkino-chinoises. Il écrivait, le 27 février, au comte de Rochechouart, notre chargé d'affaires à Pékin :

« ... Il y a lieu de croire que le Tsong-li-Yamen renoncera à toute idée, pour l'avenir, de faire intervenir les troupes impériales dans les provinces qui font partie du territoire annamite et dans lesquelles nous ne saurions plus reconnaître qu'à nous-mêmes les droits de rétablir l'ordre et d'assurer la tranquillité des populations.

Le 28 avril, le même ministre insistait auprès du même agent diplomatique pour l'ouverture d'un point de l'Yun-nam, comme port du Song-Koï, pour l'atterrissement des navires européens.

Le comte de Rochechouart soumit ces deux demandes au prince Kong, alors régent de l'empire, qui répondit en substance, le 15 juin 1875 :

La Chine a envoyé des troupes dans l'Annam sur la demande du gouvernement de ce pays, qui a été tributaire de la Chine, dans le but de détruire le brigandage. L'Yunnam est fermé au commerce étranger,

---

* L'intervention diplomatique de M. Decazes fut marquée au coin de l'indécision et ne fit qu'emboiter le pas à la politique de la marine.

Ainsi, dans sa dépêche du 7 septembre 1877, il renonça *par prudence* à exercer ouvertement le protectorat sur l'Annam et, dans sa dépêche du 30 septembre, il conseilla à M. Brenier de Montmorand de ne pas entamer de négociation au sujet de la suzeraineté de la Chine sur l'Annam et de garder le *statu quo*. Ces deux choses étaient alors on ne peut plus faciles et opportunes : elles eussent évité très probablement le conflit actuel.

A ne vouloir rien faire il valait mieux ne rien dire.

et dès lors, dans votre traité, il ne saurait y avoir de stipulation rela-
tive à l'ouverture d'un port de commerce dans l'Yunnam.

Le comte de Rochechouart vit dans ces deux mots *a été*
— mal traduits peut-être — une reconnaissance tacite de
la situation faite à la France par le traité de 1874, le prince
Kong ne parlant de l'Annam à l'égard de la Chine *qu'à
l'état passé.* (V. nº 14 des Documents diplomatiques du
Livre Jaune.) Et son interprétation est le seul argument
que les Affaires étrangères aient pu mettre en avant devant les Chambres et le pays pour affirmer que la Chine
avait reconnu la substitution de notre suzeraineté à la
sienne dans l'Annam, lors de la notification du traité
de 1874.

Mais en novembre 1876, il passa par Hanoï une ambassade de la cour de Hué à destination de Pékin, et le duc
Decazes s'en émut :

*N'avons-nous pas à craindre que les marques de déférence prodiguées
par le roi Tu-Duc et les relations périodiques qu'il entretient, par l'en-
tremise d'ambassades solennelles, avec le Céleste-Empire, n'impliquent
la continuation de rapports plus intimes... dont nous ressentirions tous
les inconvénients le jour où la Chine aura moins d'intérêt à nous ména-
ger qu'elle n'a en ce moment? écrit-il, 30 mai 1877, à M. Brenier de
Montmorand, ministre de France en Chine.*

Celui-ci répond là-dessus, de Pékin, le 30 septembre
1877, par une véritable consultation :

*L'amiral Duperré semble penser que l'envoi triennal d'une ambassade
annamite à Pékin, apportant à l'empereur le tribut du roi Tu-Duc,
n'est qu'un acte de pure courtoisie, n'ayant pour ainsi dire qu'une importance purement historique, et qui n'implique en aucune façon la
pensée de resserrer un lien aujourd'hui disparu. Il en voit la preuve*

dans la prise de possession par la France de plusieurs provinces annamites et la conclusion de trois traités successifs avec la cour de Hué, sans que ces conquêtes ni ces négociations aient soulevé de la part du gouvernement chinois la moindre réclamation ni la plus simple revendication de suzeraineté.

Mais si le gouvernement chinois n'a fait alors aucune objection ni demandé aucune explication, il faut bien plus chercher la raison de son silence soit dans son désir de n'attirer pour le moment à la Chine aucune complication, soit parce qu'il ne comprenait pas très bien la signification du mot « Protectorat », que dans son acquiescement à ce qui venait de se passer entre la France et le royaume d'Annam.

D'un autre côté, on s'appuie sur une phrase incidente de la dépêche du prince Kong, en date du 15 juin 1875 : « L'Annam est la contrée appelée aussi Yué-Nan, elle a été tributaire de la Chine » — a été... donc elle n'est plus. Cependant, en supposant la traduction de cette phrase aussi exacte que possible, ce dont il est toujours permis de douter, la suite de la même dépêche atténue singulièrement la valeur de la première déclaration : « La Chine ne pouvait refuser protection et assistance à son vassal. »

Cette dépêche du prince Kong, en date du 15 juin 1875, répondait à la communication du 25 mai précédent de M. de Rochechouart, dans laquelle notre chargé d'affaires, en envoyant au gouvernement chinois une copie du traité du 15 mars et en lui faisant part de la ratification qui en avait été faite par le gouvernement français, exprimait le désir que, comme conséquence de la nouvelle situation faite au roi Tu-Duc, le gouvernement chinois rappelât les troupes chinoises qui se seraient introduites dans l'Annam. A cela, le prince Kong répond « que c'est sur la demande réitérée du gouvernement annamite et pour le débarrasser des brigands qui infestaient son territoire que le gouvernement chinois a envoyé des troupes sur cette frontière. Le but une fois atteint, ajoute le prince Kong, leur maintien sur le territoire annamite n'avait plus de raison d'être, et on les a fait revenir. » Est-ce là reconnaître et ratifier la nouvelle situation de l'Annam ?

Ce n'est pas, d'ailleurs la première fois que Son Altesse le prince Kong invoquait le droit de la Chine d'intervenir dans l'Annam ; on lit, en effet, dans la dépêche qu'il écrivait à M. de Geoffroy, le 7 février 1874, cette phrase topique :

« Quant au nouveau corps d'armée expédié du Kuang-Si au Tonkin, nous n'avons fait, en l'envoyant, qu'user du droit que nous avons : 1° de secourir un de nos royaumes tributaires; 2° d'assurer la sécurité de nos frontières. »

Au reste, l'amiral Duperré paraît ne pas considérer la question au même point de vue que le département de Votre Excellence. Le premier semble, en effet, tant soit peu disposé à traiter l'Annam comme une annexe du gouvernement de Saïgon et croire à un protectorat effectif de notre part, tandis que Votre Excellence, dans sa dépêche du 27 février 1875, insiste sur l'indépendance du roi Tu-Duc.

En l'état, l'Annam me semble donc avoir deux protecteurs : la France et la Chine. En effet, l'article 2 du traité de 1874 déclare que la France, reconnaissant la souveraineté du roi de l'Annam et son indépendance vis-à-vis de toute puissance étrangère, quelle qu'elle soit, lui promet aide et assistance et s'engage à lui donner, sur sa demande et gratuitement, l'appui nécessaire pour maintenir dans ses États l'ordre et la tranquillité, pour se défendre contre toute attaque et détruire la piraterie qui désole une partie des côtes du royaume.

Ne semble-t-il pas à Votre Excellence qu'il y ait entre ces paroles et les faits une certaine contradiction? Ainsi, si l'Annam est reconnu comme un État entièrement indépendant, il semblerait que c'est à son gouvernement qu'aurait dû incomber le soin de transmettre le traité du 15 mars au gouvernement chinois; et, d'un autre côté, si c'est la France qui est sa véritable protectrice, le tribut apporté cette année à Pékin, la première fois depuis le traité de 1874, n'aurait-il pas dû s'arrêter à Saïgon? Tout au contraire, une ambassade part d'Hanoï pour Pékin au bruit d'une salve d'artillerie; M. de Kergaradec ou le chargé d'affaires de l'amiral en sont informés; ils rendent visite aux divers membres de l'ambassade, et ils apprennent de l'un des ambassadeurs annamites, le mandarin Bin-Van-Ki, que ses instructions portent d'aller rendre visite au ministre de France à Pékin, une fois sa mission remplie, mais seulement après en avoir obtenu la permission des mandarins chinois chargés de le recevoir.

Toutefois, il y a lieu de penser que l'autorisation de faire cette visite, — en supposant qu'elle ait été demandée, — n'a pas été accordée; car l'ambassade annamite est repartie de Pékin sans s'être présentée à la légation de France.

Notre situation vis-à-vis de l'Annam est donc en quelque sorte mixte et indéterminée.

(N° 25 des Documents diplomatiques.)

Cet examen de la question par M. Brenier de Montmorand est remarquable par sa netteté; sa conclusion ne l'est pas moins. Pour tout esprit non prévenu, il doit être acquis que la Chine n'a jamais formellement reconnu le traité de 1874. En en recevant communication le 25 mai 1875, sans rien dire de précis sur sa teneur par rapport à elle, la Chine fit de l'opportunisme aussi. Le traité de 1874 rappelle la convention militaire Fournier du 17 mai dernier, rédigée à Tien-Tsin. Cette convention, telle qu'elle figure au *Livre Jaune*, ne porte ni l'acceptation du gouvernement chinois, ni même la signature de Li-Hung-Chang, à l'inverse de la convention politique du 11 mai; c'est un simple papier remis par M. Fournier au vice-roi du Petchili, papier n'obligeant nullement ce dernier et à plus forte raison le Tsong-Li-Yamen.

De même, en effet, que l'incident de Bac-Lé a son origine en très grande partie dans la légèreté et l'imprévoyance dont témoigne l'arrangement militaire des dates d'évacuation du Tonkin par les Chinois, de même la non-reconnaissance du traité de 1874 par le gouvernement de Pékin explique les événements qui se déroulent encore. Les successeurs du duc Decazes, depuis M. Waddington jusqu'à M. Ferry, ont eu beau s'appuyer sur ce traité pour

justifier nos interventions successives* au Tonkin à l'exclu-
sion de la Chine, la Chine ne s'est pas moins prévalue des
antécédents historiques en sa faveur et de la continuation

* L'expédition Rivière commença sous le cabinet Freycinet, d'après le
plan Lemyre de Vilers. « Nous nous proposons, dit M. de Freycinet
le 18 mars 1882, en renforçant la garnison de Hanoï et en envoyant
des forces sur le Fleuve Rouge, de chasser les Pavillons noirs qui en
occupent les rives et d'assurer aussi la liberté du commerce dans ces
parages. Ce n'est donc pas, à proprement parler, une expédition militaire qui va s'ouvrir puisque nos troupes ne devront agir *que contre des
pirates...* »

Dans un article du 15 décembre dernier à la *Nouvelle Revue*, M. Lemyre de Vilers corrobore ces mots du Président du Conseil par cette
phrase : « Nous nous proposions seulement de châtier les bandits connus
sous le nom de Pavillons noirs, et nous avons été assez imprudents
pour faire la guerre à l'Annam, pris à la Chine. »

S'il y a un imprudent en ceci, c'est assurément l'ancien gouverneur
de Saïgon ; car tout le monde connaissant un peu les choses annamites
a su que depuis la mort de Garnier, ces pirates ou bandits étaient à la
solde du gouvernement de Hué, et que, par conséquent, s'en prendre à
eux c'était « faire la guerre à l'Annam » et à son alliée la Chine.

Il est vrai que dans ses instructions au commandant Rivière M. Lemyre de Vilers ne croyait que *peu probable* la nécessité du recours à la
force. « Incontestablement, les autorités annamites auxquelles nous
nous adresserons pour obtenir des cessions de terrain (pour les caserne-
ments) feront des observations, demanderont à en référer à Hué et
chercheront à gagner du temps ; vous passerez outre lorsque le moment
sera venu ; *j'ai, du reste, tout lieu de croire que vous ne rencontrerez aucune
opposition sérieuse.* »

Mais cette confiance dans la passivité des autorités annamites fut de
courte durée. Dès le 1er mai 1882, M. Lemyre de Vilers dut télégraphier
à M. Jauréguiberry : « Les mandarins de Hanoï ayant pris une attitude
menaçante, la citadelle a été bombardée, occupée et démantelée. »

C'est qu'à notre doublement de la garnison de Hanoï, les mandarins
de Hué avaient répondu en remplissant de soldats la citadelle de la
capitale du Tonkin.

Vers la même époque pourtant, le résident Rheinart avait prévenu des démonstrations de vassalité de l'Annam au su de la France, sans protestation ni opposition de celle-ci, pour justifier les siennes.

le gouverneur de la Cochinchine que la Cour de Hué reconnaissait avoir les Pavillons noirs à son service pour la garde du Haut-Sang-Koï contre des incursions de brigands, et il ajoutait :

« Les chances de conflit se multiplient à mesure que nos forces augmentent ; nous avions un baril de poudre au Tonkin, nous en avons maintenant une tonne. »

Par une autre voie, M. Lemyre de Vilers avait appris que le chef des Pavillons noirs s'étant rendu en Chine y avait été salué comme un chef d'armée et qu'il en emportait des sommes considérables pour recruter et armer de nouveaux soldats, et il en informa M. Rivière.

Ne voir donc dans les Pavillons noirs que des pirates ou des bandits isolés fut une singulière bévue ou une illusion fort naïve. Le commandant Rivière est autrement perspicace dans son Rapport du 13 mai 1882 sur la prise de Hanoï : « Le prince Hoong, dit-il, est à Sontay, à quelques lieues d'ici, et de l'aveu du gouvernement annamite a ouvertement *à sa solde les Pavillons noirs...* Je crois que nous serons amenés à nous emparer de la citadelle de Sontay qui commande le cours du fleuve et qui, pour cela, nous sera très utile. »

Le 22 mai 1882, M. Lemyre de Vilers finit par s'apercevoir que « les Annamites n'acceptent pas les faits accomplis, qu'ils profiteront de la moindre faute ou de la première faiblesse que nous commettrons » mais il ne trouve pas la situation dangereuse pour le moment et ne se met pas en mesure d'y faire face si elle le devient. Qui plus est, au lendemain de la prise de la citadelle de Hanoï, il ne tira aucun parti à Hué de ce glorieux fait d'armes, ainsi que le constate le commandant Rivière dans une lettre reproduite plus haut, d'après *la Ligue*.

Les Annamites, plus prévoyants et plus pratiques, se mirent à défendre les approches de Hué, à établir des barrages près de Namdinh et à disposer de nombreux radeaux incendiaires vers Hanoï, et le roi Tu-Duc rendit de plus en plus étroites ses relations avec la Chine.

M. Lemyre de Vilers ne s'inquiéta pas de ces relations.

— « Maîtres de la mer, dit-il, avec notre puissance d'organisation, nous arriverions facilement à nous former une riche possession dans le Delta, en laissant aux vagabonds et aux mercenaires chinois les parties

Les deux parties auraient pu épiloguer un siècle là-dessus avec autant de plausibilité l'une que l'autre. Quant aux facultés et aux dons diplomatiques, l'avantage devait rester

montagneuses et infertiles du cours supérieur du Songkoï, » et le 23 mai 1882, il mandait au commandant Rivière que « nous avons trop d'avantage à gagner du temps pour précipiter les événements »—la Cour de Hué envoyant au Tonkin des mandarins civils pour calmer les esprits, sur la suggestion du résident Rheinart.

En vérité, la finesse qu'on attribue à M. Lemyre de Vilers est ici passablement en défaut. Espérer de bons offices de la Cour de Hué dont nos coups de canon ébranlent la puissance et l'arrêt à volonté de l'impulsion qu'on a donnée soi-même aux événements dénote un esprit assez hasardeur, du moins pour l'action à distance. Que cet esprit est, de plus, versatile, on en a la meilleure preuve dans la solution « conforme à nos intérêts et à notre dignité » qu'il préconise actuellement pour le Tonkin.

Aujourd'hui, ce n'est plus au Delta qu'il faut nous confiner, comme il le proposait en 1882 ; il faut occuper également le Haut-Songkoï.

« Pour assurer la sécurité des plaines fertiles, il faut être maître des contrées sauvages qui les dominent, le pays de la soif et de la faim ; autrement, les vagabonds y trouvent un refuge, et par des incursions continuelles, troublent les populations paisibles et les empêchent de travailler... Tous les peuples conquérants ont été obligés de se conformer à cette nécessité. » M. Lemyre de Vilers a soin de nous prévenir que « l'entreprise sera lourde et nécessitera 15,000 hommes de troupes dans le Delta, une dizaine de mille dans la zone militaire, où ils seront exposés à de grandes fatigues, plus 2,000 marins embarqués pour le service de canonnières fluviales et maritimes ; soit un total, avec les soldats en cours de voyage, de 30,000 hommes au moins. 40,000 vaudraient mieux. » (V. *Nouvelle Revue*, 15 décembre 1884.)

Il faut ajouter, pour être juste, que si M. Lemyre de Vilers a sa part de responsabilité dans les affaires du Tonkin, son gouvernement de la Basse-Cochinchine, pendant près de trois ans, fut sans contredit bien supérieur à celui des amiraux ses prédécesseurs. Il prit l'initiative des voies ferrées à établir, d'excursions et de reconnaissances, qui ont fait connaître certaines zones du pays ; il fit organiser les premiers bataillons de tirailleurs annamites qui ont été d'un concours si précieux au Tonkin ;

sans conteste aux Chinois, qui sont subtils, retors, souples sous un masque d'impassibilité, tenaces sous une apparence d'abandon, et capables en se jouant de lasser tous les Talleyrands occidentaux. Aussi, quand on a voulu en finir sérieusement avec le différend franco-chinois, a-t-il fallu recourir aux arguments plus convaincants du canon, ce fondateur de plus en plus omnipotent et respecté de ce qu'on appelle le droit international moderne.

Que les nations rivales ou hostiles qui ont leurs représentants à Pékin aient provoqué le changement des dispositions du Tsong-Li-Yamen en exagérant nos difficultés et en promettant des secours éventuels, c'est plus que probable aussi *.

Seulement, l'action militaire de la France en Chine a été marquée par les mêmes tergiversations que nos négociations diplomatiques. Ni marine, ni affaires étrangères

il déjoua l'entente des soumissionnaires chinois pour la régie de l'opium; il s'occupa des améliorations à apporter au service de l'instruction publique, etc., etc.

Bref, c'est un administrateur expérimenté, énergique, doué en même temps d'un tact qui contraste en sa faveur quand on le compare à certains agissements récents d'autres fonctionnaires.

* Sir Henri Parkes, le ministre d'Angleterre en Chine, indisposa, en effet, le Tsong-li-Yamen contre Li-Hung-Chang, à la nouvelle du traité de Tientsin, dont l'élaboration lui avait été cachée.

Aujourd'hui même, nous devons en partie la paix avec la Chine, outre le manque d'argent de celle-ci pour continuer la guerre, au besoin que l'Angleterre a d'un allié en Asie contre la Russie. Sir Robert Hart a été l'homme de l'Angleterre après la mort de sir Henri Parkes. La Chine peut faire une diversion utile contre la Russie dans ses possessions de la vallée de l'Amour et fournir des contingents de montagnards en nombre illimité, dont les officiers anglais tireraient bon parti certainement.

n'ont jamais paru savoir ce qu'elles voulaient, ni ce qu'elles pouvaient vouloir au juste pour la France.

Le premier moment psychologique pour agir au moyen de la flotte, puisque la saison des pluies empêchait les opérations militaires de l'armée de terre, c'était à l'issue de la campagne Courbet-Millot au Tonkin. Qu'avons-nous fait, au contraire? Victorieux dans le bassin de Song-Koï contre les réguliers chinois, c'est-à-dire en état de dicter des conditions, nous avons proposé la paix à la Chine, presque comme si nous avions été vaincus par elle. Qu'est-il résulté de ces avances pacifiques? C'est que la Chine crut que la France, craignant des complications européennes, avait intérêt à clore à tout prix les hostilités, à rapatrier ses troupes, à vider notamment la question de Madagascar, etc.

Une intrigue de palais ayant fait triompher le parti de la guerre à Pékin peu de temps auparavant, le traité * Fournier-Li-Hung-Chang, approuvé à contre-cœur, devait bientôt être violé dans son esprit sinon dans sa lettre, à la faveur de la convention militaire annexe non ratifiée. Il faut s'attendre à de pareils revirements de la part de cours asiatiques où l'opinion populaire exerce une influence nulle, surtout au début de négociations dont la portée lui échappe.

Quoi qu'il en soit, l'incident de Bac-Lé, du moins

---

* La presse officieuse essaya de faire accroire au public que les négociations aboutissant audit traité avaient duré seulement quarante-huit heures. La vérité est qu'elles nécessitèrent CINQUANTE-SEPT entrevues, dont la première eut lieu le 17 septembre 1883. C'est à ce parti pris de donner des entorses à la vérité qu'on doit attribuer la méfiance qui suit leur divulgation tôt ou tard. (V. la *Revue générale* du 1er novembre dernier.)

d'après l'interprétation qu'en donna M. Ferry, nous édifiait sur les intentions de la Chine officielle et nous fournissait la seconde occasion opportune de faire agir notre flotte.

M. Tricou fut un des rares diplomates qui comprit cette occasion, et il en démontra les avantages à M. Jules Ferry. Celui-ci, naturellement étranger aux affaires d'extrême Orient, se laissa plutôt persuader par son directeur politique, M. Billot, qui les connaît moins encore — car il a passé sa vie entière au contentieux. Par sa tournure et ses habitudes d'esprit, ce dernier se crut de taille à lutter contre les roueries chinoises. De son bureau, M. Billot eut la prétention de réparer les bévues du diplomate improvisé de Tien-Tsin et de faire confectionner par M. Patenôtre un traité modèle. Malheureusement sa méconnaissance de la Chine rendit stériles les bonnes intentions et dissipa les espérances de M. Billot. Il commença par faire réclamer 250 millions d'indemnité à la Chine pour l'incident de Bac-Lé, puis il consentit à des diminutions successives qui parurent inadmissibles, même au longanime ministre M. Patenôtre. Irrité par le mauvais vouloir chinois concernant l'indemnité, M. Billot décida ensuite M. Ferry à la reprise des hostilités; mais la diplomatie chinoise parvint à la lui faire ajourner successivement du 1er août jusqu'au 20, l'été dernier.

Eh bien! ces hésitations pour l'ultimatium et l'indemnité suffirent aux Chinois pour tâter et juger nos gens du quai d'Orsay; ils les virent bons à berner. Cette reprise des négociations Patenôtre, *après* et *malgré* l'incident de Bac-Lé, ne fut qu'une aggravation de la première faute commise en offrant ou demandant la paix à Tien-

Tsin. Quant à l'action de la marine, ultérieurement, sur la côte orientale* de Chine, c'est le bouquet.

En effet, depuis 1862, à la suite des traités de commerce conclus entre la Chine et les diverses puissances, cette côte est plutôt internationale que chinoise. Les Allemands et les Anglais, les Russes et les Américains, les Français et autres ont dans les ports ouverts des colonies et des établissements dont nous troublions les transactions habituelles sans profit aucun pour nous. Le plus souvent, nous n'aurions pu bombarder les uns sans endommager les autres, et par conséquent *sans nous exposer à payer nous-mêmes aux neutres de fortes indemnités.* C'est cette perspective qui força M. Ferry à consentir à la neutralisation du grand port de Changhaï.

Où la flotte aurait dû rester et agir, c'est dans le golfe même du Tonkin, puisque c'est à propos du Tonkin que nous avions affaire à la Chine. Là pas d'imprévu, pas de difficulté de ravitaillement, pas de raison ou prétexte à

---

* Cette campagne, toujours impolitique sur la côte orientale de Chine, n'eût produit quelque effet à Pékin que par la soudaineté des opérations, que par l'exigence de contributions de guerre, que par la capture de jonques et de bateaux marchands, ainsi que le conseilla l'honorable député Franck-Chauveau à M. Ferry. Le stationnement de l'amiral Courbet dans le Minh, plusieurs semaines, donna simplement le temps aux Chinois de se reconnaître, de pourvoir à la défense de leurs ports et de vendre aux Américains la flotte de la *Mercantile Company*, qui équivalait pour nous à une forte indemnité.

Ces derniers temps, quelques journaux ont célébré la trouvaille que l'amiral Courbet avait fini par faire des îles *Pescadores.* Je souscris à tous les éloges qu'on a faits et fera de cet homme de mer ; mais s'il était si opposé qu'on le dit à l'expédition inepte de Formose, c'est sa démission qui en eût été la meilleure démonstration aux yeux du pays.

des nations tierces de s'immiscer dans le différend franco-
chinois, puisque aucune n'y est encore sérieusement
établie. Là se trouvent l'île de Haïnam avec son détroit,
le port de Pakhoï et la presqu'île de Lientcheou, dont
l'occupation partielle rapide eût vivement impressionné
le Tsong-li-Yamen, et permis à nos troupes de terre et de
mer, en tout cas, de se prêter main forte dans l'avance
sur le Quangsi. De l'un des points tonkinois de ce golfe,
Tien-Yen, on eût eu notamment la route terrestre la
meilleure, la plus courte, sur Langson, en longeant la
rivière Tam, sans avoir à franchir la ligne de partage des
eaux tonkino-chinoises comme entre Kep et Cut. Le
matériel nautique, qu'il va falloir remplacer presque en
entier au prix de centaines de millions; la santé de nos
marins, que le climat de Formose a plus éprouvée que
les balles chinoises, eussent bien moins souffert dans ces
parages relativement abrités et salubres.

D'ailleurs, Pakhoï, militairement, est la clef d'approche
du Quang-si oriental et du Quangton occidental; son
occupation eût probablement empêché les réguliers chinois de déboucher dans les provinces tonkinoises de Langson et de Caobang, car ils n'appréhendent rien tant que de
se voir couper leur retraite. Commercialement, Pakhoï,
par sa position centrale au haut du golfe, par ses voies de
communication avec les fertiles districts du Youkian, eût
bientôt fait dériver vers nos eaux l'écoulement des denrées et marchandises du sud-ouest de la Chine, qui s'effectue dans les eaux du Pacifique par la longue et sinueuse
rivière de Canton, pour des raisons surtout administra-
tives et fiscales.

Depuis un temps immémorial, les jonques chinoises
vont et viennent déjà entre Pakhoï et les ports du Tonkin

et de Haïnam, portant du riz, des poteries, des cotonnades, des soieries, etc. Les villes voisines de Lientchéou et de Yulin n'auraient pas tardé de tomber en notre pouvoir et à constituer, avec Pakhoï, pour l'avenir de nos intérêts, une base solide.

Le port de Hoï-Hou ne fait qu'un avec Kioungtcheou, capitale de l'île de Haïnam. La position de Hoï-Hou sur le détroit de Haïnam en fait l'escale nécessaire des navires qui se rendent de la mer de Chine dans le golfe du Tonkin et le point de départ des passagers pour la terre ferme; au point de vue militaire, c'est le Gibraltar de ces parages. Maîtres de Hoï-Hou et de Kiougtcheou, nous l'eussions été virtuellement de l'île entière.

Or, qui dit Haïnam dit une aire de 36 mille kilomètres carrés, une population de 2,300,000 habitants, un grand nombre de havres sur le pourtour des côtes, des gisements de minerais dans les montagnes, de vastes forêts de bois de construction, de grandes plaines plantées de cannes à sucre, de bananiers, de manguiers, de cotonniers, d'indigotiers, de tabac, de riz, de patates, d'arachides, etc. A l'inverse de Formose, qui n'est colonie chinoise, à l'ouest, que depuis deux siècles, Haïnam fut colonisée, il y a 2,000 ans, par 25,000 familles qui y émigrèrent de Foukien et du Quangton. Aussi a-t-elle tout à fait l'aspect d'une vraie province chinoise, avec ses villes, villages, cultures, sans avoir reçu aucune estampille mandchoue; et le rendement des impôts et des douanes eût défrayé notre corps d'occupation, en partie au moins.

Cela est aujourd'hui devenu une sorte de lieu commun.

Mais pour avoir l'air de faire quelque chose d'original, M. Ferry, embarrassé par les échecs de sa diplomatie, imagina d'abord la phase des « destructions intelligentes », comme celles de l'arsenal de Foutchéou et des forts de Kelung; puis la phase de la « prise des gages * » tels que Tamsui et Kelung ** à Formose — tout cela sans déclaration formelle de guerre. Ces deux phases n'aboutissant à rien qu'à de nouvelles dépenses pour nous et qu'à la fermeture des ports anglais pour le ravitaillement de la flotte et les réparations des navires, le quai d'Orsay se prit à espérer une médiation de puissance amie, s'il ne l'a sollicita, et successivement il fut question de la médiation américaine, de la médiation allemande et de

* M. Périn a eu un mot cruellement heureux sur les gages visés par M. Ferry : « Ce sont vos gages qui vous tiennent. »

** A Kelung et à Tamsui, nous n'avons essuyé que des défaites à différentes reprises, et le blocus du littoral a été souvent forcé par les Chinois d'Amoy et de Foutchéou, avec des bateaux commandés par des Européens. L'idée malencontreuse de résoudre la question tonkinoise par une question nouvelle, à Formose, est du contre-amiral Lespès. (*Voir les annexes du rapport Leroy.*)

Ce qui est plus étrange que cette idée, c'est son adoption par M. Ferry comme procédé de contrainte envers la Chine, laquelle, disait-il à la commission du Tonkin, ne nous tolérera pas plus à Formose que les Japonais en 1874 ! Il a dû voir pendant plusieurs mois comment les Chinois s'émouvaient de notre piteux stationnement devant la côte ouest de l'île. Cela a fait au contraire merveilleusement leur jeu pour se renforcer et nous déborder au Tonkin. Il faut avoir l'esprit singulièrement étroit ou faux, d'ailleurs, pour assimiler la petite expédition que les Japonais firent à cette date contre la tribu indépendante des Boutan, qui avait massacré des naufragés de leur nationalité, à notre conflit avec la Chine. Dans le premier cas il s'agissait d'une petite indemnité pour un fait isolé, tandis que dans le second il ne s'agit rien moins pour la Chine que de perdre sa suzeraineté et son influence séculaires sur l'Annam et les pays contigus. De là sa résistance contre nous et son humeur accommodante envers le Japon en 1874, comme récemment en Corée.

la médiation anglaise, toujours sur la base du traité de Tien-Tsin.

Hélas! aucune méditation pacifique n'aboutit. La visite du riz et des munitions de guerre à bord des navires marchands, la prise des îles Pescadores n'auraient probablement pas produit plus d'effet à Pékin, si le nerf de la guerre n'y eût été fort relâché. L'échec de deux emprunts à Changhaï et à Hongkong a plus fait pour la paix que la plupart de nos coups mal combinés et mal portés. L'absence d'un trésor central bien alimenté à Pékin, le manque d'organisation de grands établissements de crédit à l'européenne dans l'empire chinois — où existe une complète décentralisation fiscale, sauf pour le rendement des douanes des ports ouverts — tels sont les arguments qui ont décidé le Tsong-li-Yamen à la reprise des négociations Hart-Campbell. Un autre argument qui a dû peser autant sur sa conduite récente, c'est l'effet désastreux pour le mandarinat civil de l'extension indéfinie donnée aux corps militaires permanents par la continuation de la guerre. Cette extension, dans un pays systématiquement anti-militaire, aurait apporté des modifications trop rapides à la manière d'être chinoise depuis des siècles. C'est bien assez pour le mandarinat de subir le plus lentement possible les voies ferrées et télégraphiques d'occident sans en admettre le militarisme. Où le Tsong-li-Yamen s'est montré perspicace et philosophe, c'est en donnant à notre recul de Langson une moindre portée que nous-mêmes, et à la faveur de ce succès, en ne lâchant pas la proie pour l'ombre.

Profitons de la leçon. Ne nous « emballons » plus avec la Chine, et reconnaissons-lui enfin son droit à être laissée tranquille. Si nos missionnaires vont faire chez elle de la propagande évangélique, que ce soit à leurs risques et périls désormais. Nous aurons de bons rapports avec elle quand nous saurons échanger pacifiquement des produits, des denrées, des idées, et plus de balles. Au contact de la Chine, nous apprendrons le commerce ramifié à l'infini comme les canaux et les cours d'eau qui arrosent son territoire, une philosophie pratique sinon ultra-terrestre, une morale qui a pour sanction naturelle des actes humains leurs suites fatales, une haute estimation de tous les labeurs qui peuvent contribuer au bonheur des sociétés, enfin des données expérimentales remontant à des milliers d'années.

Reste à voir maintenant ce qu'est et ce que vaut l'Annam, ce que nous avons voulu y faire en en éliminant la Chine et nous mettant à sa place.

<h1 style="text-align:center">V</h1>

OMME, d'après le cardinal de Retz, *on ne va jamais si loin que lorsqu'on ne sait pas où l'on va*, il serait bon de ne pas recommencer nos errements à l'égard du Tonkin et de son appendice ethnique et géographique la Haute-Cochinchine. S'il est un Français qui connaisse à fond ce pays, ses ressources et ses lacunes, et le moyen infaillible d'en tirer le meilleur parti possible, qu'il parle, qu'il donne des preuves de son infaillibilité, et de suite qu'on le mette à l'œuvre. Si ce Français n'existe pas, qu'on supplée à son existence de la seule façon rationnelle par les recherches parallèles et convergentes et les conclusions *a posteriori* d'hommes compétents, libres de vues *a priori*.

Si le Tonkin est pour nous ce qu'il se présenta à l'origine, c'est-à-dire un marché pour certains de nos produits, un champ d'emploi pour certains de nos capitaux improductifs, une source d'approvisionnement pour nos industries de certaines matières premières, et si le sud-ouest de la Chine limitrophe du Tonkin est le complément *économique* naturel pour nous des bassins du Song-Koï et du Thaï-Binh, c'est une politique d'attraction et non d'agression qui aurait dû être la nôtre. Cette politique est d'autant plus aisée que le Chinois est par excellence un animal économique qui ne demande qu'à multiplier ses relations commerciales et ses chances de gain.

Par politique d'attraction au Tonkin, nous entendons l'agrégation *pacifique* d'éléments indigènes qui ont avec nous des ennemis communs. Ainsi, la classe des lettrés tonkinois* est très influente sur la population par ses lumières et son origine même, essentiellement populaire. Comme elle est sevrée du pouvoir depuis le commencement du siècle, elle voit de très mauvais œil les mandarins de la haute Cochinchine en possession des postes élevés de l'administration au Tonkin. Ces lettrés n'auraient demandé qu'à être nos auxiliaires, et leur intérêt les eût rivés à notre cause contre la cour de Hué.

Ainsi, les tribus autochtones des *Muongs***, des *Moïs*, des *Thos*, des *Mangs*, etc., qui habitent les massifs montagneux

---

* Dans une dépêche du 16 décembre 1878, l'amiral Lafont mandait ceci au ministre Pothuau : « Le parti des lettrés, qui est très puissant, n'est pas très bien disposé en notre faveur, « mais il déteste aussi les « mandarins de Hué, qui lui enlèvent les positions élevées et lucratives. « Ce parti accepterait le protectorat si on lui garantissait les places « importantes, même sous la surveillance d'un résident français. »

** Après la prise de Bac-Ninh, l'an dernier, les *Muongs*, déjà partisans de Garnier, en 1874, ont offert au général Millot de détruire les débris de l'armée chinoise, sauf garantie, sous notre domination, des privilèges et exemptions d'impôts qui leur étaient accordés par l'Annam.

et les marches boisées séparant le Tonkin de la Chine, ont
fort à se plaindre des incursions et des dépradations chinoises. Braves et même belliqueux, pourvu qu'ils se sen-
tissent appuyés par nous sans perspective d'abandon
prochain, comme en 1874, ils se feraient très volontiers
nos gardes-frontières, moyennant quelques cadeaux aux
chefs et une petite solde régulière aux hommes valides*.
Volià comment les Anglais utilisent les montagnards dans
l'Afghanistan.

Ainsi, dans l'Yunnan, les musulmans** ne cherchent qu'à

(*V. Annexe 14 du rapport Leroy.*) Les *Thos* feraient à l'est ce que les
Muongs offraient à l'ouest.

Le peu de résultats que nous avons obtenus dans l'Annam n'a pas
d'autre cause que la mauvaise volonté ou l'indifférence des hauts fonctionnaires de la marine à l'égard : 1° des lettrés tonkinois par qui
devraient être remplacés les neuf-dixièmes des mandarins de Hué,
patrons ou complices des pirates et des réguliers chinois ; 2° des chefs
de tribus autochtones résidant aux confins du Delta, qui empêcheraient
la filtration des pillards et des voleurs à travers leurs marches.

Leur bienveillance, leur intervention, ne s'est surtout exercée qu'en
faveur des missions, dont le général Millot a dit qu'elles ont une action
délétère sur des populations inoffensives, et qu'elles sont un élément
de division et de troubles. (*Loc. cit.* p. 70.)

* L'explorateur Dupuis, que l'on aurait dû indemniser depuis longtemps des sottises de la marine à son égard, était tout indiqué pour
négocier notre entente avec les chefs de ces tribus, qui le connaissent
et qui l'aiment, de même que les Pavillons jaunes, auxquels il s'était
efforcé de faire accorder une amnistie par la Chine.

Le général Robin notamment eût pu ensuite organiser les contingents fournis par ses tribus avec un succès presque certain.

** Le dernier voyageur dans l'Yunnan, M. Colquhoun, dit que l'insurrection y couve sous la cendre, que la soumission n'est qu'apparente.
V. *Across Chrysè,* ou la *Chine méridionale,* publiée par M. Oudin. Paris,
1884.

venger les cruautés qui marquèrent la répression par les mandarins chinois de leur grande insurrection de 1855-1870, et ils préféreraient au gouvernement de Pékin tout gouvernement qui assurât l'exploitation en leur faveur des riches districts miniers de la province, dont la situation géographique fait un pays extérieur à la Chine.

Un ministre-résident à Hué, qui eût été autre chose qu'un sinologue comme M. Lemaire, qu'un honnête soldat peu malin comme M. Rheinart avant M. Lemaire, qu'un Français chinoisé comme M. Philastre avant M. Rheinart, ce ministre, grâce aux moyens coercitifs dont nous disposons actuellement dans la capitale de la haute Cochinchine, eût pu faire chasser les Chinois du Tonkin par les mandarins annamites mêmes qui les ont accueillis et fournis de vivres et d'espions sur ordre du *comat*, ou ministres des Nguyen.

Il n'y aurait eu qu'à l'exiger de ceux-ci énergiquement, sans se laisser prendre à leur amoncellement de prétendues difficultés, pour l'obtenir dans un délai restreint.

Des ministres et des mandarins annamites constatant que leur sort est en jeu, on peut être sûr qu'ils eussent employé les moyens effectifs pour éconduire les réguliers et les pirates chinois. Que la solde de ces derniers ne soit plus payée par le trésor royal de Hué, ils se tourneront aussitôt contre leurs anciens alliés, et seront pour nous si nous voulons, comme les condottieri de tous les pays à toutes les époques.

Des Pavillons jaunes ont déjà servi à nos côtés contre les Pavillons noirs : *ce service pour tous les Pavillons est une question exclusive de solde ;* au point de vue sentimental, ils se moquent de l'empereur de Chine comme du roi de Hué. Ils surveilleront le libre passage du fleuve Rouge comme ils l'ont barré précédemment; ils se battront contre d'autres Chinois comme contre les turcos algériens.

Ces gens ne greffent quelque sentiment humain que sur la réciprocité des services rendus, que sur la solidarité des intérêts.

Le Quang-Si a une population particulière, fort redoutée des mandarins. Dans les villes surtout, ce ne sont qu'émeutes à défaut d'insurrections. L'élément ethnique *Thaï*, qu'on retrouve sous le nom de *Thô* dans les provinces tonkinoises voisines de Langson et de Caobang, de Tuyen-Quang et de Hong-Hoa, de même qu'au Yunnan et au Laos birman, ne s'est pas laissé absorber par l'élément chinois. Or, les Thaïs sont attachés à la dynastie des Ming comme les Tonkinois à celle des Lê — qu'il en existe ou non de vrais descendants — et ils détestent les Mandchous régnant actuellement à Pékin, comme les Tonkinois encore les Nguyen régnant à Hué. Le chef de la grande insurrection *taïping* se faisant passer au début pour un Ming, c'est au Quang-Si qu'il trouva ses premiers adhérents. L'appui des sociétés secrètes nombreuses qui veulent le renversement des Tsing ne lui vint qu'après celui des Thaï. Au lieu de nous morfondre en deça du Quang-Si ou sur la côte de Formose, il eût été bien plus effectif pour nous de mettre le feu aux substances inflammables qui abondent à Sseming, à Taïping, à Tchingan, Touyang, Nanning, etc., à ne viser que des résultats pratiques sans préoccupation juridique.

Enfin, le transfert en plein Tonkin du Nguyen de Hué, après la prise de cette capitale, eût singulièrement simplifié notre tâche, car, *ipso facto*, nous soustrayions le successeur de Tuduc aux influences du mandarinat qui nous déteste pour le placer sous la nôtre; nous rétablissions l'unité politique de l'Annam et nous redonnions au Tonkin sa prédominence historique et naturelle sur la Haute-Cochinchine.

Mais en dehors de ces inductions d'un intérêt rétrospectif autant qu'éventuel, il s'agit surtout à l'heure actuelle, pour nous, d'employer les moyens les plus adéquats pour prévenir de nouvelles surprises politiques et militaires, d'autres déceptions économiques, dans l'Annam. Ces moyens se résument dans l'organisation et l'envoi d'une mission * de spécialistes: ingénieurs de mines et géologues, hydrographes et ingénieurs des ponts et chaussées, naturalistes et médecins, agronomes tropicaux, et des délégués des Chambres de Commerce, des sociétés de géographie et d'agriculture, des syndicats patronaux et ouvriers, etc.

A côté de l'élément technique officiel, il importe qu'il se trouve dans cette mission des représentants de l'initiative privée groupés spontanément dans le pays par la spécialisation et la solidarité des intérêts. Cette mission se diviserait en sections d'études rattachées entre elles par un programme préalable et par un établissement typographique qui en publierait à mesure les Rapports, de façon à ce que le zèle et l'émulation de ses membres

---

* Je crois savoir que l'honorable ministre actuel des affaires étrangères, M. de Freycinet, est partisan aussi d'une mission semblable avant de s'engager plus loin, au hasard, dans l'Annam, même au point de vue politique. On peut l'inférer du reste de ce qu'il a dit à la Chambre lors de la ratification du traité de Hué : « Des améliorations pourront être introduites dans le régime de l'Annam ; on ne peut encore en déterminer le caractère : *il faut une étude régulière sur place de ces améliorations*, et un traité nouveau pourra intervenir pour les consacrer, quand une expérience suffisante aura été faite. (Très bien ! très bien !)

restassent en éveil là-bas et qu'en France un très vif intérêt fut excité et maintenu au sein des sociétés savantes
et commerciales et, par répercussion, chez le public en
général. Le sol et le sous-sol, les cultures et les produits
naturels, les particularités de la faune et de la flore, l'hygiène
requise par le climat, les voies commerciales, les échanges
possibles, la caractéristique de la race, tout cela n'a été
qu'effleuré dans l'Annam. *Il n'existe encore aucun travail
d'ensemble qui autorise, sur n'importe quel sujet, des conclusions
définitives, une orientation rationnelle pour l'action et les entre-
prises ultérieures à coup sûr.*

Après avoir voté tant de millions pour réparer les
sottises et les bévues de l'administration coloniale et
l'imprévoyance de certains de nos diplomates, ce brave
pays de France verrait avec une indicible satisfaction
ses gouvernants commencer enfin une ère de dépenses
nécessairement reproductives pour tous les citoyens, et
clore celle des faiseurs et tripoteurs pour qui les postes
publics ne sont que des prétextes à lancement d'affaires
quelconques. Les frais* d'une mission comme celle qui
précède seraient relativement minimes, car les civils,
étant producteurs d'ordinaire et visant l'augmentation de
la production, savent mieux compter que les militaires,
éduqués surtout pour la destruction maximum en un minimum de temps.

Depuis la czarine Anne, les Russes ont toujours fait
précéder les Cosaques dans l'Asie centrale et orientale

---

* Il suffirait de prélever à cet effet 4 ou 5 millions sur les 200 votés
dernièrement par les Chambres pour la continuation d'une guerre qui
semble terminée.

par des missions d'éclaireurs scientifiques : d'où leur avance méthodique sans échec ni recul.

Quand Bonaparte, en 1798, voulut faire de l'Égypte une colonie française, il n'aborda pas sa tâche complexe et ardue différemment. La lecture des mémoires et notes de notre consul au Caire, Magallon, suffit à son génie pour discerner qu'une campagne militaire ne le mènerait pas au but, même en se composant d'une série de victoires. C'est à des savants, à des artistes, et, ajoutait naguère M. Renan dans un discours académique, à des commerçants, qu'il demanda la solution de la colonisation de l'Égypte.

Il est de fait qu'avec des hommes tels que Monge, Fourier, Laplace, Berthollet, Geoffroy Saint-Hilaire, Larrey, Dubois, Dolomieu, etc., cette solution aurait été trouvée, sans le désastre naval d'Aboukir et l'insuccès du siège de Saint-Jean d'Acre, qui n'en sont que des accidents de guerre indépendants.

Et Bonaparte consacrant son activité à la colonisation rationnelle de l'Égypte, qui ne voit combien autre eût été sa destinée, autre la destinée de la France !

Le coche manqué au siècle dernier, dans l'Inde et au Canada comme en Égypte, s'offre de nouveau à nous à proximité de la Chine, où le génie clairvoyant et audacieux de Dupleix voulait déjà porter notre fortune — en négociant avec les Portugais la cession de Macao. Si nous manquons encore ce coche, soit en abandonnant un pays — la Basse-Cochinchine comprise — qui nous coûte déjà près de un milliard et demi et plusieurs milliers de soldats, soit en continuant d'indisposer des éléments indigènes qui ont intérêt à changer de régime politique et économique, nous n'aurons travaillé que pour nos voisins ou ennemis d'Europe une fois de plus, mais probablement

la dernière, car les chances de reprendre l'ascendant se
font de plus en plus rares pour nous sur la planète.

D'ailleurs, en nous recroquevillant entre nos frontières
comme les Coréens jusqu'à ces dernières années, nous
n'échapperions pas plus aux luttes pour l'existence internationale qu'à la loi de la circulation humaine, du pôle à
l'équateur et vice-versa, et d'un hémisphère à l'autre. Il
s'agit là d'un fait du même ordre que la circulation des
vents, des eaux, et des corps qu'ils déplacent. Nous
serions poussés et menés au lieu de donner l'impulsion
et la direction à autrui dans une certaine mesure : voilà
toute la différence.

Mais au cas même d'un échec dans la colonisation, ou
plutôt utilisation, de nos possessions d'Indo-Chine, il
serait digne de la troisième République, presque à un
siècle de distance, de donner un pendant à *l'Institut
d'Égypte*, de telle sorte que l'héroïsme de nos soldats, qui
s'est perpétué à peu près intact, eût encore pour compagnon dans l'histoire un noble labeur réalisé par le génie
scientifique et artistique de la France.

L'auteur des pages qui précèdent est de ceux qui ont
foi en notre race et en ses facultés, et qui, malgré des
éclipses et des défaillances regrettables, ne désespèrent
point de leur pays.

www.ingramcontent.com/pod-product-compliance
Lightning Source LLC
Chambersburg PA
CBHW051007060726

47593CB00017B/1217